사케 소믈리에가 들려주는

일본 술 이야기

저자 추조 카즈오(中條一夫)

시사일본어사

머리말

　이 책은 일본에서 쓴 책을 번역한 것이 아니라 제가 한국에 주재하는 동안 한국 분들에게 소개했거나 요청에 따라 기고한 글을 정리한 것입니다. 일본인을 위해 쓴 책이 아니라 평소 한국 술을 마시는 한국 분들을 위해 쓴 책입니다. 이 책에서 일본 술과 일본의 문화 등을 소개할 때 한국 술과 한국 문화와의 공통점과 차이점을 의식하면서 썼습니다.

　한국에는 한자를 읽을 수 있는 사람이 많아서 서양인보다 유리하지만, 그래도 '사케를 고르는 일이 어렵다', '라벨을 읽는 방법을 모르겠다'고 하는 사람들이 많아서 제가 설명해 드릴 때가 많습니다. 그래서 좀 더 많은 사람들에게 일본 술에 대해 이야기해 주고 싶다는 생각을 가지고 이 책을 쓰게 되었습니다.

　이 책에서는 알코올 음료로서의 일본 술에 관한 이야기뿐만 아니라 일본인이 어떻게 술을 마시는지, 일본 술이 일본의 기후, 풍토와 어떻게 관련되어 있는지에 대해서도 이야기하고 있습니다. 사람은 식사 자리에서 술을 함께 마시며 교류를 돈독히 할 수 있습니다. 서양인의 음주 문화와 비교해 한국과 일본의 음주 문화는 비슷한 점이 많습니다. 비슷한 점과 다른 점을 알면 한일 간의 의사소통은 더욱 원활해질 것입니다.

　이 책에서는 사케뿐만 아니라 소주, 아와모리, 미림, 약용주 등 다양한 일본 전통주에 대해서도 언급하고 있습니다. 이것들은 전혀 다른 음료가 아니라 공통점을 가진 음료라는 것에 대해 초점을 두고 설명하고 있으므로 일본 술에 대한 이해를 높이는 데 도움이 될 것입니다. 더불어 한국에서도 일본에서도 소비자들의 전통주에 대한 관심이 줄어드는 상황이지만, 젊은 세대가 전통을 존중하면서 현대 소비자들에게 평가받는 전통주를 빚고 있는 양조장도 있습니다. 일본 술에 대해 아는 것은 한국 술의 미래를 생각하는 데에 도움이 될 것입니다.

2023년 9월
추조 카즈오

목차

제1장

일본 술의 세계로 입문

❶ '酒(사케)'와 'サケ(사케)'는 다르다

일본어 번역 → p.138

　　일본어를 공부하는 외국인은 히라가나, 가타카나, 한자라는 세 종류의 문자 때문에 고생한다. 여기에서는 한자의 '酒사케'와 가타카나의 'サケ사케'는 뜻이 다르다는 이야기를 할 예정인데 부디 일본어를 싫어하게 되지 않기 바란다.

　　원래 酒사케는 주류 즉 알코올음료 전반을 뜻하며 한국어의 술에 해당한다. 그 중에서 葡萄酒포도주하면 포도로 만든 술, 麦酒맥주하면 보리로 만든 술이다. 중국에는 米酒미

주라는 소주와 비슷한 쌀로 만든 술이 있다. 하지만 일본에서는 고대부터 쌀을 원료로 한 알코올음료가 일반적이었기 때문에 굳이 미주라 하지 않아도 그냥 酒사케라고 하면 쌀로 만든 술, 현대 일본인이 日本酒니혼슈라 부르는 술을 가리킨다. 즉,

일본어의 酒사케에는 알코올음료라는 의미와 日本酒니혼슈라는 두 가지 뜻이 있다.

　일본인이 병신에게 사케를 마시러 가자고 권유해 술집에 가서 사케가 아닌 맥주를 주문해도 놀라지 않기 바란다. 이 경우의 酒사케는 알코올 음료라는 뜻이다.

　에도 시대에는 日本酒니혼슈라는 말이 없었다. 당시에는 쇄국을 하고 있었기 때문에 일부러 일본이라 부를 필요 없이 酒사케로 충분했다. 메이지 시대에 서양에서 위스키와 브랜디 등이 수입되자 일본인은 이런 서양의 술을 洋酒양주라 부르게 되었으며 기존의 酒사케는 양주와 구별하려는 의미로 점차 日本酒니혼슈라고도 부르게 되었다.

　메이지 시대에 일본을 방문한 서양인은 분명 일본인이 마시는 전통적인 알코올음료에 관심을 가졌을 것이다. 하지만 그 시점에서는 아직 日本酒니혼슈라는 명칭이 보급되지 않았다.

서양인: "당신은 무엇을 마시고 있나요?"

일본인: "저는 酒사케를 마시고 있어요."

서양인: "오, 그 음료는 sake라는 거군요!"

위와 같은 대화가 있었는지 여부는 모르겠지만 서양인은 일본의 술을 sake라고 부르게 되었다. sake에는 알코올음료 전반이라는 뜻은 없다.

최근 사케를 즐겨 마시는 서양인이 늘면서 서양인이 sake에 대해 언급하는 기사도 늘었는데 이것을 일본어로 번역할 때 酒사케라고 해석해버리면 알코올음료 전반이라는 뜻인지 日本酒니혼슈라는 뜻인지 헷갈린다. 서양인이 서양에서 sake를 빚었다는 기사를 번역할 때 일본은 아니니

까 日本酒니혼슈라고 표기하는 것도 이상하다. 그래서 서양인이 말하는 sake는 일본어에서는 가타카나로 サケ사케라고 표기하는 일이 많아졌다. 일본어에서는 외래어를 주로 가타카나로 표기한다. 日本酒니혼슈가 사케로 역수입된 형태이다.

한국에도 누룩의 종류 등 제조법에 차이는 있지만 쌀로 만든 독자적인 전통주가 있다. 따라서 한국인들은 메이지 시대 이후에 접하게 된 쌀로 만든 일본식 제조법의 술을 한국 전통주와 구별해 어떻게 부를지 고민했으리라 보인다. 할아버지 세대의 한국인들은 유명 사케 브랜드가 일반 명사화된 정종正宗이라고 불렀다. 요즘은 한미 FTA를 계기로 미국산 sake 수입이 늘어나기도 해서 한국에서도 서양식으로 '사케'라 불리고 있다.

중국에서는 사케를 일본청주日本清酒라고 부른다. 중국에서 일본주日本酒라고 하면 일본의 술, 즉 일본산 주류라는 뜻이 되어 버리고 일본산 위스키ㅣ 외인이나 맥주노 포함되어 버린다. 일본어에 있어서의 양주의 이미지와 비슷하다.

사케를 좋아하는 외국인이 일본인에게 영어로 "I love sake."라고 하면 사케가 맛있는 가게를 안내해 줄 것이다. 하지만 일본어로 "저는 사케를 좋아해요."라고 말한다면 일본인에게는 "저는 술을 좋아해요."라고 들리므로 그저 술꾼으로 여겨질 것이다. 일본어로는 '니혼슈'라고 말하는 게 확실하다.

❷ 술의 세계에서 '달다'의 반대는?

가 あ 일본어 번역 → p.141

일본어의 '아마이甘い'는 한국어로 '달다', '카라이辛い'는 한국어로 '맵다'. 한국어 초급 수업에서 그렇게 배웠다. 한국에는 매운 음식이 많아서 외국인은 '맵다'라는 단어를 외우지 않으면 한국에서 살아남을 수 없다.

일본어로 '아마쿠치甘口'는 입맛이 단 음식을 뜻한다. '카라쿠치辛口'는 입맛이 매운 음식을 뜻한다. '아마이'와 '달다'는 당분이 많다는 뜻으로 한일 간의 차이는 없지만 일본어의 '카라이'에는 '맵다' 이외의 뜻도 있다.

한국어에서는 고추나 와사비나 겨자가 많으면 '맵다', 소금이나 간장이나 된장이 많으면 '짜다'지만 일본어에서는 둘 다 '카라이'다. 의식적으로 구별하자면 '짜다'를 '시오카라이塩辛い'라고 한다. '짜다'에 해당하는 '숏파이しょっぱい'라는 단어도 있지만 이것은 '시옷포이塩っぽ

い'가 변형된 동일본의 방언으로 규슈 출신인 나는 사용한 적이 없다. 내게 고추든 소금이든 혀에 강한 자극을 주는 것은 다 '카라이'다. 부엌에서 설탕과 소금이 짝을 이루듯 일본어에서 '아마이'와 '카라이'는 한 쌍이다.

일본어에는 알코올이 강한 술을 미각으로 표현하는 단어가 없기 때문에 자극이 강하다는 의미에서 '카라이'라는 단어로 표현한다. 영어에도 알코올이 강한 술을 미각으로 표현하는 단어가 없기 때문에 '드라이dry'라는 단어로 표현하고 있다. 소독용 알코올을 피부에 바르면 건조한 느낌이 드는 것의 연상일 것이다.

유럽의 증류주인 진gin에는 한 번만 증류해 알코올 성분이 비교적 적은 '네덜란드 진'과 여러 번 증류해서 알코올 성분이 많은 '런던 진'이 있다. 후자는 '드라이 진'이라고도 한다. 또한 진을 사용한 칵테일에 '마티니'가 있는데, 진의 비율이 높은 것을 '드라이 마티니'라고 한다. 이와 같

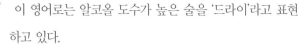

이 영어로는 알코올 도수가 높은 술을 '드라이'라고 표현하고 있다.

이제부터 본격적으로 사케의 맛 표현에 대해 이야기 해보도록 하겠다. 우선 양조장의 탱크 안에서 사케가 발효되고 있는 장면을 상상해 보자. 탱크 안에는 막걸리처럼 하얗고 탁한 액체가 들어 있으며 그 안에서는 쌀의 전분이 누룩에 의해 당분이 되고 그 당분이 효모에 의해 알코올이 된다. 발효의 중간 단계라면 아직 당분이 많아 알코올이 적고, 맛을 보면 달다. 그리고 발효 최종 단계에서 맛을 보면 당분은 적고 알코올이 많다. 옛날 일본인은 이 맛이 '아마이'의 반대라서 '카라이'라고 표현했다.

사케의 '아마쿠치'와 '카라쿠치'에는 두 가지 평가 기준이 있다. 첫 번째는 당분이다. 당분이 많으면 아마쿠치라고 하고 당분이 적으면 카라쿠치라고 한다. 두 번째 평가 기준은 알코올이다. 알코올이 많으면 카라쿠치, 알코올이 적으면 아마쿠치라고 한다.

이미 눈치챈 독자도 있겠지만 두 가지 평가 기준이 있기 때문에 아마쿠치와 카라쿠치 평가는 어렵다. 두 제품이 있고 알코올 도수가 같으면 당분이 많은 쪽이 아마쿠치, 당분이 적은 쪽이 카라쿠치이다. 두 제품이 있고 당분이 같으면 알코올 도수가 높은 쪽이 카라쿠치, 낮은 쪽이 아마쿠치이다. 그러나 당분도 알코올 도수도 다른 두 제품이 있다면 어느 쪽이 아마쿠치이고 어느 쪽이 카라쿠치인지 평가는 일률적으로 말할 수 없다.

이야기를 더 복잡하게 만들어 미안하지만, 사실

세 번째 평가 기준도 있다. 신맛이다. 당분도 알코올 도수도 같다면 사람은 신맛이 강한 술이 더 카라쿠치라고 느낀다. 일본 맥주에 수퍼드라이super dry라는 제품이 있지만 다른 제품에 비해 알코올 도수가 매우 높은 것은 아니다. 이 제품은 다른 제품에 비해 신맛이 강하기 때문에 마시면 카라쿠치라고 느껴지는 것이다. 사케도 마찬가지로 다른 조건이 같으면 신맛이 강한 쪽이 카라쿠치, 신맛이 약하면 그 반대로 아마쿠치이다.

사케의 아마쿠치와 카라쿠치의 관계를 정리하면 다음과 같다.

아마쿠치 sweet : 당분이 많다 / 알코올이 적다 / 신맛이 적다

카라쿠치 dry : 당분이 적다 / 알코올이 많다 / 신맛이 많다

마지막으로 카라쿠치 술을 한국어로 뭐라고 표현하면 좋을까? 나에게 '맵다'는 고추의 이미지밖에 없지만, 옛날에는 최루탄의 자극도 맵다고 표현했던 것처럼 알코올의 자극도 맵다고 해도 괜찮을지 모른다. 한편, 한국의 소믈리에는 영어 표현을 가져와 '드라이'하다고 표현하기도 한다. 모르는 사람이 들으면 액체인 술이 왜 건조하다는 것인지 의아해 할 수도 있지만 실용적인 표현인 것 같다.

③ 어떤 맛의 사케를
좋아하나요?

일본어 번역 → p.144

"요즘 아마쿠치 술이 많다고 한탄하는 당신에게 카라쿠치 기쿠마사를 선사합니다."

"맛있는 것을 먹으면 기쿠마사가 마시고 싶어진다. 카라쿠치 기쿠마사를 마시면 또 맛있는 것을 먹고 싶어진다."

어렸을 때 TV 광고에서 기쿠마사무네菊正宗라는 사케 선전 문구를 자주 들었다. 어려서 뜻은 잘 몰랐지만 카레라이스를 통해 아마쿠치는 어린이용, 카라쿠치는 어른용이라고 알고 있었다. 따라서 '카라쿠치 술'이라는 말에 '어른의 세계'라는 느낌을 강하게 받은 기억이 있다.

사실 2차대전 이후 대부분의 사케는 한동안 아마쿠치였다. 쌀이 귀했기 때문에 양조장에서는 사케를 제조하는 과정에서 주정을 대량으로 첨가하고 감미료로 맛을 냈다. 식량 사정이 좋지 않았기에 사람들은 단맛을 원했다. 생산자와 소비자 모두 아마쿠치 사케를 선호했다.

1970년대에 전통적이고 본격적인 사케의 부활을 노리는 양조장이 있었다. 그러나 당시 소비자들은 아마쿠치 술에 익숙해져 있었고 다른 양조장들은 아마쿠치 술을 제조하고 있어서 아마쿠치 술을 부정하거나 비판하면 사케 소비 자체에 악영향을 끼쳐 업계 전체를 적으로 돌리게 되는 상황이었다. 고민을 거듭한 결과, 이 양조장은 "요즘 아마쿠치 술이 많다고 한탄하는 당신에게 카라쿠치의 기쿠마사를 선사합니다."라는 선진 문구를 생각해 냈다. 이미 쿠치 술이 많은 것은 사실이고 아마쿠치 술이 나쁘고 카라쿠치 술이 좋다고도 하지 않았는데 카라쿠치 술에 좋은

인상을 주는 선전 문구였다.

때마침 일본은 고도 경제 성장기를 거쳐 소비자도 이전만큼 단맛을 원하지 않게 되었다. 카라쿠치 사케는 큰 인기를 끌게 되었고 많은 양조장이 그 뒤를 이었다. 그 결과 현재 사케는 많은 제품이 당시 기준으로 말하면 이미 카라쿠치다. 그리고 나보다 선배 세대의 일본인은 카라쿠치 사케라는 말에 지금도 본격적인 사케라는 좋은 인상을 갖고 있다.

일본의 술집에서는 중장년 남성이 "카라쿠치 사케 주세요."라고 주문해 종업원을 난처하게 만드는 일이 종종 있다. 메뉴에 수많은 사케가 있고 손님이 선택을 망설일 때 종업원이 "어떤 맛의 사케를 좋아하세요?"라고 물으면 손님은 대부분 "카라쿠치."라고 답한다. 내가 관찰한 결과 이러한 손님은 세 가지 패턴이다.

첫째, 달지 않은 사케를 원하는 손님. 이 경우 달지 않은 사케를 추천하는 것은 당연하지만 신맛이 있는 사케도 단맛이 잘 느껴지지 않는 효과가 있으므로 선택지가 될 수 있다. 또한 일본의 쇼추는 당분이 없으므로 "카라쿠치 사케를 좋아하시는 손님은 당분이 없는 이 쇼추도 많이 드십니다."라며 쇼추를 후보에 넣으면서 추천하는 선택지도 있다.

둘째, 당분과는 상관없이 본격적인 사케를 원하는 손님. 이런 타입의 손님에게 단순히 달지 않은 사케를 내면 '물 같은 술'이라며 만족하지 않을 수 있다. 이런 경우 주정을 전혀 첨가하지 않은 준마이슈를 내면 좋아할 때가 많다. 준마이 특히, 전통 제조법으로 만든 제품은 맛 성분이 많고 알코올 도수도 약간 높은 제품이 많다.

셋째, 술 마시는 건 좋아하지만 지식이나 정보에는 관심이 적은 손님. 사케의 맛에 관해 표현하는 말을 잘 몰라서 점원이 물어보면 TV에서 익힌 카라쿠치라는 말을 할 수 밖에 없다. 이런 경우 역시 아마쿠치 사케를 낼 수는 없지만 손님의 자존심은 존중하면서 "전형적인 카라쿠치 술은 아니지만 이건 어떠신가요?"라며 이 손님이 마셨으면 하는 술을 제안하는 일도 중요하다. 왜 추천하는지 이유를 제대로 설명하면 그것을 마시고 좋아할 때가 많다.

손님 중에는 사케를 마셔본 적 없는 사람도 있는가 하면 즐겁게 마시면 지식은 아무래도 상관없다는 사람도 있고 지식이 풍부한 사케 마니아도 있다. 사케 소믈리에는 손님이 말로 표현하지 못하는 요청 사항을 알아차리고 각 손님이 만족할 수 있는 사케를 선택하도록 돕는 '사케와 손님의 중개인'이다. 따라서 사케 소믈리에가 되기 위해 사케을 한 입 마시고 제품명을 맞히는 천재적인 능력까지는 필요 없지만 교과서 내용을 익히고 자격증을 따는 것은 진정한 사케 소믈리에가 되기 위한 출발점에 불과할 뿐인 것이다.

그럼 손님의 입장에서는 자신이 마시고 싶은 술을 점원에게 어떻게 전하면 좋을까. 나는 본인이 마신 뒤 맛있다고 생각했을 때 스마트폰으로 라벨을 찍어두는 것을 추천한다.

가끔 자신이 마신 모든 술 사진을 촬영하는 사람을 볼 수 있지만 그렇게 하지 말고 자신이 마음에 드는 술만 촬영하는 것이 요령이다. 방문한 가게에 자신이 마셔본 적이 있는 좋아하는 술이 없을 때는 점원에게 스마트폰 사진을 보여주며 '이런 술을 마시고 맛있다고 느꼈다'고 설명하면 별도의 맛 표현은 필요 없다. 그 가게에 사케 소믈리에가 있다면 분명히, 없더라도 전문 점원이라면 그 사진을 보고 당신의 취향을 파악해서 그 가게에 있는 사케 중 당신이 가장 좋아할 만한 제품을 소개해줄 것이다.

④ 무엇이 사케의 맛을 결정할까?

 일본어 번역 → p.147

일본에는 1,500곳 이상의 양조장이 있으며 다양한 맛의 사케가 빚어진다. 사케의 원료는 물, 쌀, 누룩 곰팡이, 효모균의 네 가지 뿐인데 어째서 다양한 맛의 사케가 되는 걸까.

(사케 중에는 주정이나 당류나 산미료를 첨가하는 제품도 있는데, 여기서는 물, 쌀, 누룩균, 효모균의 4가지 원료만으로 빚어지는 준마이슈 이야기를 한다.)

사케의 맛을 결정하는 성분

사케의 약 80%는 물이고 약 15%는 알코올이다. 나머지 약 5%가 쌀의 추출물이다. 사케 병이 720㎖일 때 그 5%는 36㎖. 에스프레소 한 잔 정도 분량의 쌀 추출물이 사케 한 병의 맛을 결정한다.

쌀 추출물에는 당, 유기산, 아미노산이 포함되어 있다. 포도당, 올리고당 등의 당은 단맛의 근원이다. 구연산, 유산, 숙신산 등의 유기산은 신맛의 근원인데, 같은 신맛이라도 레몬과 사과와 요구르트의 신맛이 다르듯이, 여러 유기산이 조합되며 사케는 복잡한 산미를 지니게 된다. 숙신산은 조개국물에도 많이 포함되어 있으며 신맛뿐 아니라 감칠맛과 쓴맛도 갖고 있다.

아미노산은 종류가 다양한데 사케의 경우 감칠맛과 신맛이 있는 글루타민, 단맛이 있는 알라닌, 쓴맛이 있는 아르기닌의 역할이 크다. 스포츠음료도 알코올은 포함되어 있지 않지만 주성분은 물과 당, 유기산과 아미노산이다. 근력 운동을 하고 단백질을 먹는 사람이라면 BCAA^{바린, 로} ^{이신, 이소류신}도 알고 있을 것이다. 이들 필수 아미노산도 사케에 포함되어 있어 사케 맛의 일부가 되고 있다. 소주를 마시는 것보다 사케을 마시는 것이 포도당과 BCAA를 보충할 수 있는 이점이 있지만 물론 운동 전이나 운동 중에 음주해서는 안 된다.

운동 중에 마셔도 좋은 스포츠음료에는 알코올이 포함되어 있지 않지만 주요 성분은 물, 당, 유기산, 아미노산이다. 알코올 이외에는 사케와 비슷하다. 여러가지 스포츠음료들의 맛이 각기 다른 것은 당과 유기산, 아미노산의 혼합 비율이 다르기 때문인데 마찬가지로 사케의 맛이 양조장에 따라 다른 것도 당과 유기산, 아미노산의 혼합 비율이 다르기 때문이다. 단, 소주와 스포츠음료에는 인공감미료가 첨가된 제품이 많은데 사케는 인공감미료의 첨가를 허용하지 않는다.

사케의 맛을 결정하는 물

사케의 80%가 물이라고 해서 사케를 마시고 물맛의 차이를 아는 사람은 없을 것이다. 물이 중요한 이유는 물 자체의 맛이 아니라 물에 미량 포함된 칼륨, 마그네슘 등의 미네랄이 효모의 영양이 되기 때문이다.

'후시미교토의 여성 술, 나다고베의 남성 술'이라는 옛말이 있다. 현대에서는 남녀의 고정관념을 사용해 비유하는 건 피해야 하는데 옛날 사람이 말하고 싶었던 점은 '후시미의 사케는 부드러운 맛, 나다의 사케는 강한 맛이다'라는 것이다. 효모가 활발하게 활동하면 당을 알코올로, 단백질을 아미노산으로 바꾼다. 미네랄이 적은 후시미의 물로 술을 빚으면 발효가 더디므로 당이 남고 알코올은 충분히 만들어지지 않으며 아미노산도 적어서 맛이 연하다. 반면 미네랄이 많은 나다의 물로 술을 빚으면 발효가 활발하므로 당이 남지 않고 알코올이 많으며 아미노산이 많아서 맛도 진하다. 다만 미네랄이 많을수록 좋다는 것은 아니다. 또 철이나 망간 등 사케의 품질을 떨어뜨리는 미네랄이 함유된 물은 사케 제조에 적합하지 않다. 이처럼 사케 제조에 물 선택은 중요하다.

사케의 맛을 결정하는 쌀

쌀의 주성분은 전분과 단백질이다. 전분은 당이 되고 알코올이 된다. 단백질은 아미노산이 되어 다양한 맛을 빚어낸다. 전분과 단백질의 비율, 단백질의 세세한 성분은 쌀의 품종에 따라 다르다. 밥으로 먹었을 때 맛있는 쌀은 단백질이 많이 포함되어 있지만 사케를 빚을 때는 단백질이 많으면 아미노산이 너무 많아져 마시기 어려워진다. 그래서 사케 제조에는 식용 쌀과는 다른 품종의 쌀을 사용하는 일이 많다.

쌀 표면 근처현미의 갈색 부분에는 미네랄과 지방도 많은데 이것들은 대

부분 정미 과정에서 제거된다. 전분은 쌀 중심부에 많으므로 쌀을 장시간 정미해서 쌀 알을 작게 만들면 단백질도 적어지기 때문에 아미노산이 더욱 적고 깔끔한 맛의 사케를 빚을 수 있다. 양조장에서는 빚고 싶은 사케의 맛에 맞춰 어떤 품종의 쌀을 사용하고 어느 정도 정미할지 선택한다.

사케의 맛을 결정하는 누룩곰팡이와 효모균

사케를 빚을 때 쌀의 전분은 누룩곰팡이에 의해 당이 되며 그 당은 효모균에 의해 알코올이 된다. 동시에 쌀의 단백질은 누룩곰팡이나 효모균에 의해 다양한 아미노산이 된다.

누룩곰팡이도 종류가 다양하다. 간장 등을 만들 때 사용하는 누룩곰팡이는 대두의 단백질을 분해해 아미노산을 만드는 능력이 뛰어난 것을 고른다. 사케를 빚을 때 사용하는 누룩곰팡이는 쌀의 전분을 분해해 당을 만드는 능력이 뛰어난 것을 고른다.

효모균도 종류가 다양하다. 빵을 만들 때 사용하는 효모균은 당을 분해할 때 탄산가스를 만들어 빵 반죽을 부풀리는 능력이 뛰어난 것을 고른다. 사케를 빚을 때 사용하는 효모균은 당을 분해할 때 알코올을 만드는 능력이 뛰어난 것을 고른다. 누룩곰팡이와 효모균의 선택에 따라 만들어지는 아미노산 내용물이 달라지며 맛이 다양해진다.

누가 사케의 맛을 결정하는가

여기서는 무엇이 사케의 맛을 결정하는가에 대해 이야기를 했지만, 실제로 사케의 맛을 결정하는 원재료를 조달하여 사케를 빚는 것은 사람이다. 양조장에서는 매년 어떤 맛의 사케를 만들 것인지 레시피를 설계하고 상세한 주조 계획을 세워 사케를 빚는다. 결국 양조장 토우지_{양조 책임자}와 쿠라비토_{장인}들의 솜씨가 사케의 맛을 결정짓는 것은 물론이다.

⑤ 와인 마니아 vs 사케 마니아

가 あ 일본어 번역 → p.151

　전 세계의 술 중에서도 와인과 사케에는 공통점이 많다. 재료는 포도와 쌀로 다르지만 모두 알코올 성분이 10% 대인 양조주증류하지 않은 술로 식사하면서 마시는 일이 많다. 원료가 되는 작물에 대한 고집, 지형과 기후의 영향, 전통과 개혁, 빚는 사람의 노력, 라벨에 적힌 복잡한 정보를 읽는 법, 제공하는 사람소믈리에의 역할, 요리와의 궁합 등 와인과 사케에는 공통 화제가 많다. 따라서 와인에 정통한 사람은 사케에 대한 이해도 빠르다.

　공통점으로 흥이 올라도 즐겁고 차이점에 대해 논의해도 즐겁다. 하지만 양쪽의 차이에 대해 '어느 쪽이 우수한가'라는 논의가 되면 피곤해진다. 와인 마니아 중에는 가끔 와인 중심의 색안경을 끼고 사케를 보는 사람이 있어서 대응하기 힘들 때가 있다.

술자리에서 한 와인 마니아에게 '동일본에 있는 양조장에서 서일본산 야마다니시키최고급 양조용 쌀로 유명를 사용하는데 이걸 일류 양조장이라고 할 수 있는가?'라는 비판적인 질문을 받은 적이 있다. 일류 와이너리는 포도밭 안에 양조하는 곳이 있어 현지산 포도를 사용한다는 말을 하고 싶었던 것이리라. 와인보다 사케가 못하다는 듯한 질문을 받으면 나도 강한 어조로 반론하고 싶어진다.

'그럼, 와인은 안타까운 음료네요. 맛있는 와인은 맛있는 포도밭 안에서만 빚을 수 있나요? 맛있는 포도를 수확하지 못하는 곳에서는 맛있는 와인을 빚을 수 없나요?'

아니, 나는 와인을 비판할 의도가 없다. 와인을 부정적으로 말하는 게 아니라 와인도 긍정적으로 말하면서 사케를 더 긍정적으로 말하고 싶은 것이다. 나는 심호흡을 하고 손에 든 사케를 한 모금 마시며 마음을 가다듬었다.

전 세계의 술 재료 중에서도 포도는 완벽하다. 포도 열매 안에는 수분과 당분이 있으며 껍질에는 천연 효모가 붙어 있으므로 술 빚는 재료를 모두 갖추고 있다. 품질 좋은 포도밭이 있으면 그곳에서 품질 좋은 와인을 빚을 수 있다.

단, 포도는 완벽하기에 그로 인한 고민도 있다. 수분과 당분이 있다는 것은 그곳에 효모뿐 아니라 공기 중의 다양한 곰팡이와 세균에게도 천국이다. 포도 열매를 딴 순간부터 잡균이 번식하기 시작하므로 수확하면

즉시 와인으로 가공해야 한다. 시간이 걸리면 효모가 잡균에게 패해 부패하고 만다. 부패하지 않아도 잡균이 번식하면 풍미가 떨어지고 잡균이 당분을 먹은 만큼 알코올 생산량이 줄어들고 만다. 따라서 품질 좋은 와인을 빚기 위해서는 품질 좋은 포도가 수확되는 곳에 와이너리를 만드는 것이 중요하다.

반면 쌀은 수분이 적고 당분은 거의 없다. 따라서 비교적 장기 보관이 가능하며 장거리 이동도 가능하다. 일본 각지에 있는 일류 양조장이 쌀 명산지에서 일류 양조용 쌀을 구입해 일류 사케를 빚을 수 있는 이유다.

손에 든 사케를 한 모금 마시면서 머릿속 생각을 정리한 나는 슬며시 미소 짓고 다음과 같이 대답했다.

"포도는 과일이니까 신선할 때 와인으로 빚는 게 맛있고 포도 산지에서 와인을 빚으면 산지의 맛떼루아을 표현할 수 있어서 좋지. 쌀은 곡물이니까 오래 보존할 수 있어서 쌀 산지에서 사케를 빚을 수도 있고 멀리 떨어진 명산지의 쌀을 가져와 사케를 빚을 수도 있다네. 사케 양조장 중에서도 와인과 마찬가지로 떼루아를 중요하게 생각해서 '양조장 주변 지역에서 수확한 쌀만 사용합니다.'라고 선언하는 양조장도 있지. 그 반면 '최고의 쌀로 최고의 사케를 빚고 싶다'는 열정에서 명산지의 양조용 쌀을 가져와 사케를 빚는 양조장도 있어. 많은 양조장에서는 일부 제품은 명산지의 양조용 쌀을 가져와 빚고 일부 제품은 주변 지역에서 수확한 쌀을 사용

해서 빚는다네. 술을 빚는 데도 두 가지 철학이 있지만 어느 쪽이 좋고 어느 쪽이 나쁘다는 얘기는 아니야. 그 지역 원료를 사용하던지 명산지의 원료를 사용하던지 양쪽을 모두 사용하던지, 각 지역의 양조장이 자신의 철학에 따라 자유롭게 선택할 수 있는 게 좋겠지."

자, 당신은 어느 쪽 사케를 마시고 싶나요?

❻ 사케의 명산지

 일본어 번역 → p.154

외국인에게 사케를 추천하면 "사케의 명산지는 어딘가요?"라는 질문을 받을 때가 많다. 사실 대답하기가 어렵다. 내가 떠올린 대답은 네 개인데 어느 것이 정답일까?

1 효고(兵庫: 생산량이 일본 최고)

일본 전체에서 생산되는 사케의 29%가 효고에서 빚어진다2021년. 2위인 교토京都가 16%, 3위인 니가타新潟가 9%이므로 이 세 지역에서 일본 전체의 반 이상을 생산하는데 그중에서도 효고의 존재감은 압도적이다.

양조장별 생산량은 공식적인 통계가 없지만 조사 회사에 따르면 매

출 베스트 10에는 효고의 하쿠쓰루白鶴, 오제키大関, 니혼사카리日本盛, 기쿠마사무네菊正宗가 포함되며 베스트 20에는 효고의 하쿠시카白鹿, 겐비시劍菱, 시라유키白雪, 사와노쓰루沢の鶴가 포함된다2017년. 일본인이라면 누구나 들어본 적 있는 상표의 대규모

양조장이 효고의 나다灘: 고베神戸 주변 지역에 집중되어 있다.

16세기까지는 교토가 주조업의 중심지였는데 에도 시대에 들어서며 에도지금의 도쿄가 대도시로 발전한 뒤로는 에도행 배편 수송에 편리한 바닷가에 있는 나다가 주조업의 중심지가 되었다. 그 후 철도의 시대, 고속도로의 시대가 되어서도 나다의 양조장은 전국 규모의 사케 제조를 지속하고 있다.

2 니가타(新潟: 양조장 수가 일본 최고)

니가타에는 89곳의 양조장이 있으며 2위인 나가노에는 75곳, 3위인 효고에는 68곳이 있다(2017년). 니가타는 일본 최고의 쌀 생산지이다. 일본에서 가장 긴 시나노가와 강이 흐르며 하류에는 평야가 펼쳐져 있다. 눈이 많이 내려서 산의 눈석임물이 풍부해 논농사에 적합한 조건을 갖추고 있다. 쌀이 맛있고 물이 맛있는 곳은 사케도 맛있다.

1980년대에 일본에서 지자케土속주 붐이 일어 교토와 효고의 대형 양조장이 아니라 지방의 사케가 주목받게 되었다. 그 대표 주자가 고시노칸바이越乃寒梅, 구보타久保田, 핫카이산八海山 등 한국에도 알려진 니가타의 지자케이다.

한편 한국에서는 '간바레 오토상'이라는 사케가 유명한데 이것은 니가타의 양조장에서 OEM 생산해 대부분 한국으로 수출되어 일본에는 그다지 알려져 있지 않다. 한국에 온 일본인은 일본에서는 본 적도 없는 사케가 한국에 널리 알려진 것을 보고 놀란다. 참고로 정식 명칭은 '간바레토짱頑張れ父ちゃん'이지만 한국에서는 아버지를 '토짱'이라고 부르면 실례인지 '오토상お父さん'이 되었다.

니가타는 성인 1인당 사케 구입량도 일본에서 가장 많다. 일본 전국 평균이 연간 4ℓ인데 비해 니가타는 8.6ℓ이다2020년. 단순 계산하면 니가타 사람은 평균보다 2배 이상의 술을 마시는 셈이다. 술꾼이 있기에 명산지도 있는 것이리라.

3 후쿠시마(福島: 금상 수상 수가 일본 최고)

일본의 사케 콘테스트 중에서도 가장 역사가 오래되고 규모가 큰 '전국 신주 감평회'에는 하나의 양조장에서 한 점만 출품할 수 있다. 그래서 최고의 제품을 출품해 금상을 받을 수 있는지 여부에 양조장의 명예가 걸려 있다.

2021년도2022년 발표에는 전국에서 218점이 금상을 수상한 가운데 후쿠시마에서 14점이 금상을 받아 9회 연속 일본 최고를 달성했다. 양조장 수가 4위59곳인 지역이 9회 연속 일본 최고라는 것은 놀라운 일로 우수한 양조장이 많다는 사실을 실적으로 보여주는 것이다.

사실 후쿠시마는 1990년에는 금상이 전무했다. 충격을 받은 관계자는 사케 전문 직업훈련학교를 설치하고 과거의 경험에 의존하던 양조장 장인들에게 최신 양조기술을 소개했다. 문제의식을 공유한 양조장 관계자가 연구회를 조직하고 서로 비밀이던 노하우나 정보를 교환하기 시작했다. 그 결과, 지역 전체의 양조 기술 수준이 향상되어 2005년에 금상 수상 수가 일본 최고가 되었고 2012년 이후 9회 연속 일본 최고를 달성하는 사케 왕국이 되었다. 히로키飛露喜, 샤라쿠寫楽, 다이시치大七, 아이즈호마레会津ほまれ 등 세계 각국의 애호가에게도 호평받는 사케가 많지만 한국에는 거의 알려지지 않았다.

동일본대지진 이후 후쿠시마에서는 수확한 쌀과 물을 검사하고 양조한 사케도 검사하여 안전성이 확인된 뒤에 일본 국내에 출하하고 해외로도 수출한다. 나아가 한국에서는 재해지 뿐 아니라 일본 전역의 사케를 재검사한다. 물론 그래도 마시고 싶지 않다는 사람에게는 마시지 않을 자유가 있지만, 문제가 없다면 이것저것 마셔보고 싶은 사람에게 그 자유가 재한되어 있는 현재 상황은 슬픈 일이다. 이는 수입이 금지되어 있기 때문이 아니라 일정한 수요와 지지가 있어야 수입이 비즈니스로서 성립되기 때문이다. 명산지의 사케를 마시는 것이 동일본대지진으로 피해를 입은 재해 지역의 경제 부흥을 지원하는데 도움이 된다면 일석이조다. 한국인, 일본인 관계없이 소비자의 한 사람으로서 자유롭게 선택할 수 있는 시대가 되기를 바란다.

4 일본 전체가 명산지

일본에는 47개의 모든 도도부현都道府県: 지자체에 사케 양조장이 있다. 지지께끼 블리는 각 끼방이 시께는 가 끼방 끼란들이 그 끼여 요리아 어울리도록 발전시켜 왔다. 어떤 지방 사람에게도 자신의 고향이 사케 명산지인 것이다.

사케를 즐기는 방법

❶ 고급 사케가 꼭 맛있다고는
   할 수 없다

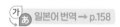 일본어 번역 → p.158

사케는 쌀을 얼마나 정미하는지가 풍미와 가격에 큰 영향을 준다. 정미하기 전 현미의 무게를 100%라고 하면 우리가 밥으로 먹는 백미는 90% 정도. 사케를 빚기 위한 쌀은 더욱 정미를 진행한다. 슈퍼마켓 등에서 볼 수 있는 종이팩에 든 저렴한 사케라도 70% 정도까지 정미한 쌀을 쓰는 경우가 많다. 60% 이하로 정미한 쌀로 만든 사케는 '긴조吟醸', 50% 이하면 '다이긴조大吟醸'라는 명칭을 붙일 수 있다. 실제로 그렇게 불리기

위해서는 다른 여러 조건도 충족시켜야 하지만 여기서는 정미에 주목해서 이야기를 이어가고자 한다.

사케의 라벨에는 정미율이라는 표시가 있는데 숫자가 작을수록 정미한 뒤의 쌀알도 작다. 다이긴조슈에 쓰이는 쌀은 중심부만 사용하므로 단순히 계

산해도 원료비가 현미의 2배 이상이 된다. 정미에 드는 연료비와 인건비까지 계산하면 더욱 비싸진다. 원료비가 비싸지면 당연히 사케의 가격도 비싸진다.

그럼 정미하면 왜 풍미가 좋아질까. 우선 맛에 대해 말하자면 쌀의 내부, 특히 중심부에는 전분이 많이 포함되어 있는데 이것이 발효해서 알코올이 된다. 쌀에는 단백질도 포함되어 있으며 이것이 발효해 아미노산이라는 맛 성분이 된다. 아미노산은 그 내역에 따라 감칠맛이 되기도 잡맛이 되기도 한다. 쌀 표면 근처는 잡맛이 되기 쉬우며 이것을 정미해서 제거함으로써 감칠맛을 느낄 수 있는 사케가 된다. 더욱 정미하면 맛 성분이 적어져 깔끔한 맛의 사케가 된다.

한편 쌀이 발효해서 사케가 될 때는 멜론이나 바나나 같은 과실향이 생긴다. 쌀 표면 근처의 성분은 다양한 향 성분을 만들어내므로 보통은 과실향이 감춰져 버리는데 잘 정미해서 쌀 중심부만으로 사케를 빚으면 이 과실향을 느낄 수 있게 된다. 이 향 때문에 사케를 마시지 않았던 젊은 층과 와인을 마시는 외국인 사이에서도 사케 애호가가 늘어나고 있다.

사케 품평회에 출품하는 제품은 35% 정도까지 정미한 것이 많다. 닷사이獺祭의 양조장은 23%당시 시판주로는 일본최소까지 정미한 사케를 일반 판매해서 세상을 놀라게 하며 유명해졌다.

그 이후부터 기록 경신의 경쟁이 시작되었다. 10% 이하의 사케가 발표되었다. 알코올 도수가 아니라 정미율을 말하는 것이다. 이러한 사케는 부유층을 위한 것이기도 하지만 한계에 도전하고 싶은 기술자의 본능일 것이다. 숫자는 점점 작아져 마침내 1%의 사케가 발표되었다. 드디어 경쟁이 끝나나 싶더니 한 양조장에서 0%정확히는 0.85%지만 소수점 이하는 표시하지 않아도 된다의 사케를 발표했다. 일반 판매는 하지 않지만 만약 한국에서 판매된다면 한 병에 수백만 원 이상이 될 것이다.

나는 7%까지 정미한 사케를 마셔 본 적이 있다. 그날 밤 식사비보다 사케 한 잔이 더 비쌌는데 공부를 위한 수업료라는 생각으로 지불했다. 그 맛은…… 좋게 말하면 '최고로 깔끔한', 나쁘게 말하면 '맛이 적은' 술이었다. 잡맛이 전혀 없지만 감칠맛도 적었다.

사케는 금액에 비례해 맛있어지지는 않는다. 지나치게 정미하면 잡맛이 적어지지만 감칠맛도 사라진다. 깔끔한 맛의 사케를 좋아하는 사람에게는 긴조슈나 다이긴조슈를 추천하지만 쌀의 감칠맛을 제대로 맛보고 싶은 사람에게는 오히려 덜 정미한 쌀로 만든 사케를 추천한다. 원료비가 저렴하게 해결되어 저렴하니까 품질도 낮은 게 아니라 오히려 감칠맛 성분은 많다. 이득이다.

요즘은 정미 경쟁의 반동으로 '귀중한 쌀을 반 이상 정미하는 것은 쌀에 대해 '실례다'라고 생각하는 양조장도 있다. 80%, 90%처럼 일부러 조금만 정미한 쌀로 감칠맛을 이끌어내는 데 도전하는 양조장도 있다. 사케의 다양화는 이와 같이 정미 분야에서도 진행되고 있다. 사케 라벨을 본다면 정미율을 살펴보기 바란다. 알코올 도수와 헷갈리지 않기를……

② 사케에는 유통기한이 없지만 빨리 사서 마시는 게 맛있다

 일본어 번역 → p.161

한국 슈퍼마켓에서 사케를 발견했다. 하지만 진열된 곳은 냉장 쇼케이스 안이 아닌 실온의 선반이었다. 제조 일자를 확인했더니 여러 제품이 2년 이상 지나 있었다. 그중에는 생주나마자케: 가열 처리를 하지 않은 사케도 있었다. 신선도를 강조하는 홍보 문구가 적혀 있는 그 사케를 보고 나는 술이 울고 있다고 느꼈다.

일본에서는 신선 식품에는 소비기한, 일반 식품에는 상미기한을 표시하며 한국에서는 유통기한을 표시한다. 하지만 일본과 한국 모두 사케한국에서는 청주에는 기한 표시가 없고 제조 일자 표시만 있다. 왜냐하면 상하지 않기 때문이다. 알코올 도수가 15%에 가까운 사케 안에서는 식중독의 원인이 되는 미생물이 번식할 수 없다.

　양조장의 위생 관리가 미흡했던 옛날에는 제조 과정에서 알코올에 강한 특수 유산균이 섞여 들어가 이상 번식하며 시큼해져서 술로 즐길 수 없게 되기도 했다. 옛날 사람들은 '술이 식초가 된다'고 표현했는데 아세트산균이 번식해 식초가 되는 건 아니고 유산균의 소행이다. 양조장의 위생 관리가 발달한 현재는 소비자가 구입할 때 미생물을 걱정할 필요는 없다.

　하지만 유통기한이 정해져 있지 않더라도 사케는 빨리 사서 마시기를 추천한다. 사케의 풍미는 시간과 함께 변하기 때문이다. 변하는 이유는 두 가지이다.

　양조장에서는 쌀에 포함된 전분이 누룩곰팡이로 인해 당분으로 변하고 효모가 그 당분을 알코올로 변화시킨다. 당분이 적어질수록 사케는 아마쿠치단맛에서 카라쿠치달지 않은 맛가 되는데 카라쿠치인 술 안에도 약간의 당분이 남아 있다. 또한 쌀에는 단백질도 포함되어 있는데 이것이 아미노산으로 변하면서 사케의 맛을 만든다. 이 당분과 아미노산은 시간과 함께 변한다.

당분과 아미노산은 결합하면서 갈색으로 변한다. 토스트나 누룽지처럼 고열을 가하면 급속도로 변하는데 실온에서도 몇 년이 지나면 서서히 변해서 사케는 중국의 소홍주 같은 갈색 액체가 된다. 색깔뿐 아니라 맛과 향도 변한다. 이러한 숙성주를 좋아하는 사람도 있지만 2~3년으로는 신선도만 사라질 뿐 숙성도는 부족해서 이도 저도 아니라고 느끼는 사람이 많을 것이다. 그렇기 때문에 일반 소비자에게는 신선할 때 마시는 것을 추천한다.

가열 처리를 하지 않은 생주는 더욱 빠르게 변한다. 누룩곰팡이가 만든 효소가 아직 남아 있기 때문이다. 그 효소가 사케 안에 남아 있는 소량의 전분을 당분으로 바꾸는 것 뿐이라면 카라쿠치의 술이 좀 아마쿠치가 되는 정도에 그치겠지만 실제로는 다양한 화학 변화를 일으켜 맛과 향을 변화시킨다. 불쾌한 냄새를 만드는 경우도 많다. 그렇기에 생주는 냉장고에 넣어 보관하고 빨리 마시기를 추천한다. 슈퍼마켓에서 판매하는 생주는 고도의 여과 설비에서 대부분의 효소를 제거한 것이어서 일본 국내에서는 실온 유통되고 있지만 양조장에서는 그래도 몇 달 이내에 소비할 것을 권한다.

사케 특히 고급 사케는 생주는 물론 가열 처리했더라도 냉장 유통·보관해 빨리 마시는 편이 좋다. 하지만 내가 방문한 슈퍼마켓에서는 생주가 실온에 진열되어 있는 한편 온도로는 변하지 않는 소주가 냉장 쇼케이스에 들어 있었다. 점원에게 이유를 물어보니 "소주는 구입 후 바로 마시는 사람이 많아서 차게 해서 팔고 있습니다."라고 대답했다.

"아니, 마시는 온도와 보관 온도는 별개죠. 우유를 뜨겁게 마시는 사람도 마실 때까지는 냉장고에 보관하잖아요. 몇 달씩 진열할 거면 사케는 냉장 쇼케이스에 넣어야 해요."라고 말하려 했지만 그만뒀다. 이 점원에게는 제품 진열 장소를 결정할 권한이 없다. 점원 한 명 한 명에게 설명해도 이 문제는 해결되지 않는다.

일본의 술집이나 슈퍼마켓에서도 고급품 이외의 사케는 상온에 진열하지만 이는 일본에서는 사케를 많이 소비해서 상품 회전율이 좋고 재고가 쌓이지 않기 때문이다. 요즘은 모든 선반을 냉장 쇼케이스로 만드는 사케 전문점도 많다.

한국에서도 신선한 사케의 맛을 즐기는 소비자가 늘어나면 유통이 바뀔까? 유통이 바뀌면 신선한 사케의 맛을 즐기는 소비자가 늘어날까? 닭이 먼저냐 달걀이 먼저냐……. 이 책을 읽는게 먼저려나?

❸ 일본인도 잘 틀리는 사케의 온도 표현 '히야(冷や)'와 '레이슈(冷酒)'

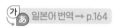

일본어 번역 → p.164

사케는 다양한 온도로 즐길 수 있다는 점에서 세계적으로도 드문 술이다. 하지만 요즘은 사케의 온도 표현에 관해 일본인이라도 모르는 사람이 대부분이다. 요즘 일본인은 사케를 다양한 온도로 즐기지 않기 때문이다.

커피 메뉴가 아이스와 핫의 양자택일이듯 사케 메뉴도 '히야아이스 사케?'와 '아쓰칸핫 사케?'의 양자택일인 경우가 많은데 사실 히야도 아쓰칸도 틀린 뜻으로 쓰일 때가 많다.

현대에는 일반 가정에 당연히 냉장고가 있지만 일본 가정의 냉장고 보급률이 10%를 넘어선 것은 1960년대의 일이다. 냉장고가 없던 옛날, 사케는 데워서 마시든지 데우지 않고 실온으로 마시는 양자택일이었다. 데워서 마시는 것이 '칸燗', 데우지 않고 실온으로 마시는 것이 '히야冷や'이다. 여기서는 히야에 관해 자세히 이야기해 보고자 한다.

일본어에 '히야수冷やす: 차게 하다'라는 동사가 있다. 현대에는 냉장고에 넣어 차게 하거나 얼음을 넣어서 차게 하는 이미지가 일반적이지만 냉장고가 없던 옛날 '차게 한다'는 건 보통 뜨거운 것을 물로 식히는 이미지였다.

일본 국내에 있는 중국 음식점에서는 여름에 '히야시추카冷やし中華'라는 요리를 내곤 한다. 히야시는 히야수의 연체형이며 이것은 '차게 한 중화면 요리'라는 뜻이다. 중국에서는 중화면을 따뜻한 요리에 사용하지만 일본에서는 '자루소바·자루우동'처럼 삶은 중화면을 물로 차게 한 독자적인 요리가 생겨났다. 물론 냉장고가 보급되기 이전의 이야기로 냉장고나 얼음으로 식힌 것은 아니다.

일본의 음식점에서 물을 '오히야お冷や'라고 부를 때가 있는데 이것은 히야시의 축약형인 '히야冷や'에 정중어 '오お'가 붙은 것이다. 이때의 오히야는 단순히 물이라는 뜻으로 요즘에는 냉장고나 얼음으로 차게 한 물이 나오는 일이 많은데 원래는 냉장고나 얼음의 뉘앙스는 없다. 굳이 말하자면 차와 같은 따뜻한 음료가 아니라는 뉘앙스가 있다.

사케에 관해서도 마찬가지이다. 사케를 데우지 않고 실온으로 마시는 것은 '히야로 마신다'라고 한다. '히야인 채로 마신다', '히야지개히야 인데인 술를 마신다'라고도 한다. 여기에 부정적인 뉘앙스가 있다는 것을 알아차린 독자는 일본어 상급자이다. 옛날에는 일반적으로 사케를 데워 마셨

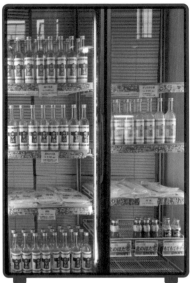

다. 데우지 않고 마시는 것은 가난해서 연료가 아깝든지 데우는 시간을 기다릴 수 없을 만큼 술에 굶주려 있든지 가족에게 술을 금지당했지만 숨어서 마시든지 어찌 됐든 쓸쓸하고 슬픈 뉘앙스가 있다.

술집에도 일반 가정에도 냉장고가 보급된 현대에는 냉장고에서 차게 한 사케를 '레이슈冷酒'라고 부르는데 같은 냉자를 쓰기 때문에 이것을 '히야冷や'와 혼동하는 일본인이 굉장히 많다. 만약 술집의 사케 메뉴에 '히야'라고 적혀 있다면 메뉴에 별도로 '레이슈'가 없는 한 이것은 레이슈 라고 생각하는 편이 맞다. 냉장고에서 차갑게 한 사케가 나올 것이다.

만약 당신이 실온의 사케를 마시고 싶다면 점원에게 "니혼슈사케를 히 야로 주세요."라고 주문하기보다 "실온의 니혼슈가 있나요?"라고 묻는 편 이 좋다. 주문한 사케가 나온 뒤에 "이것은 히야가 아니라 레이슈다. 나는 히야를 주문했는데!"라며 화를 내도 성가신 손님 취급을 받을 뿐이다.

④ 일본인도 잘 틀리는 사케의 온도 표현 '칸(燗)'과 '아쓰칸(熱燗)'

 일본어 번역 → p.166

일본의 술집에서 메뉴에 '아쓰칸'이라 적힌 사케를 주문한 적이 있다. 젊은 점원이 가져온 작은 호리병을 만진 나는 '앗 뜨거워!'라고 외쳤다. 내게는 비상식적으로 뜨거웠는데 불평은 참기로 했다. 아마 이 점원에게 불평해도 '아쓰칸이 뜨거운 게 뭐가 나빠요?'라는 표정을 지어 당황스럽기만 할 것이다. 그는 매뉴얼대로 일하고 있을 뿐이다.

데운 사케는 '칸자케燗酒'라 하며 사케를 데우는 것을 '칸을 대다' 또는 '술을 칸으로 하다'라고 한다. 원래 '칸燗'이라는 한자는 중국에서 '푹 끓이다'라는 뜻이었는데 일본에서는 거의 사케를 데우는 경우에 사용한다. 사케가 든 용기를 불에 직접 올리기도 하지만 보통은 사케가 든 도자나 금속 용기를 뜨거운 물에 담가 중탕으로 데운다. 그 편이 온도를 섬세하게 조절할 수 있기 때문이다.

그런데 내가 사케를 '뜨겁게 하다'가 아

닌 '데우다'라고 표현하고 있다는 사실을 알아차렸는가? 사케는 뜨겁게 하면 맛이 없다. 데우는 게 맛있다. 인간의 혀가 단맛과 감칠맛을 느끼는 건 40℃ 전후라고 한다. 또한 40℃를 넘으면 쓴맛과 떫은맛은 약하게 느껴진다. 옛날에는 정미 기술이 발달하지 않았고 옛 사케에는 쓴맛과 떫은맛도 많이 함유되어 있었기 때문에 사케를 40℃대로 데워 마시는 것은 과학적으로도 합리적이다.

온도계가 없던 옛날 일본인은 칸자케의 온도를 다양한 말로 표현했다. 전국 공통의 규칙이 있었던 것은 아니나 대표적인 표현과 온도의 관계는 다음과 같다.

30℃ : **히나타칸** 양지에 놓고 데운 정도의 칸

35℃ : **히토하다칸** 체온으로 데운 정도의 칸

40℃ : **누루칸** 미지근한 칸

45℃ : **조칸** 딱 좋은 칸

50℃ : **아쓰칸** 칸자케로서는 뜨거운 칸

55℃ : **도비키리칸** 칸자케로서는 매우 뜨거운 칸

주목할 것은 '아쓰칸'은 다양한 칸 중에서 '비교적 뜨거운' 온도를 뜻하며 결코 '가장 뜨겁다'나 '매우 뜨겁다'가 아니라는 점이다. 원래 사케는

60℃ 이상으로 데우면 알코올 자극만 느껴지고 섬세한 향과 맛을 느끼기 어려워진다. 술는 기호품이기 때문에 뜨거운 것을 좋아한다는 사람이 있으면 말리지는 않겠지만, 되도록이면 '따뜻하게' 데워서 마실 것을 권한다.

아마 일본인도 '칸'이라는 단어를 그다지 사용하지 않으므로 술집 메뉴에서는 알기 쉽게 '아쓰칸'이라 표현하는 것이리라. 그래서 대다수의 사람은 '아쓰칸은 뜨거운 것이다'라고 오해하고 만다. 데운 술에게는 불행한 일이지만 일본과 한국은 모두 커피 문화가 정착해 있다. 핫 커피의 온도는 60~70℃, 엑스트라 핫을 주문하면 80℃ 가까운 커피를 주는 가게도 있다. 대형 술집에서는 아르바이트생도 다룰 수 있도록 급탕기 같이 생긴 데운 술 서버를 두기도 한다. 그 온도 설정이 60℃나 70℃로 되어 있다면 종업원에게 '너무 뜨겁다'고 불평해도 어쩔 도리가 없다.

대부분의 소비자가 '아쓰칸 = 핫'이라 오해하고 있다면 만약 내가 종업

원일 때 손님에게 50℃의 데운 술을 자신 있게 내놓은 뒤 "이 아쓰칸, 좀 미지근한데요."라는 불평을 받을지도 모른다. 종업원이 수작업으로 사케를 데우는 술집이라면 나는 전문 용어나 숫자를 사용하지 않고 "온천물 온도 정도로 데워 주세요."라고 부탁하고 있다.

외국인 중에서도 특히 미국인은 '사케는 핫으로 마시는 거잖아'라고 오해하는 사람이 많다. 옛날에는 일본계 이민자를 위해 일본에서 배로 사케를 운반했기 때문에 품질이 떨어져 뜨겁게 만들어서 속였다는 설이 있는데 일본 국내에서도 냉장고가 보급되기 전에는 사케를 칸으로 마시는 게 일반적이었으니 아마도 미국인에게는 일본계 이민자가 사케를 데워 마시는 모습이 충격적이었던게 아닐까. 하지만 그런 설명을 하기 전에 먼저 설명해야 할 게 있다. '핫 사케hot sake가 아니라 웜 사케warm sake다!'

⑤ 사케를 고르는 법

 일본어 번역 → p.169

요즘은 한국에서도 다양한 사케를 고를 수 있게 되어 기쁘다. 하지만 백화점이나 슈퍼마켓, 음식점에서도 사케 선택지가 너무 많아 무엇을 골라야 좋을지 난처해하는 사람도 많을 것이다. 나도 한국인 지인에게 "사케는 어떻게 골라야 하나요?"라는 질문을 받을 때가 있는데 사케를 고르는 방법은 한 가지가 아니다.

1 눈으로 고른다(라벨 디자인)

일본에서는 '자케가이ジャケ買い'라고 하는데 이것은 원래 음악 레코드판이나 CD 가게에서 재킷표지 디자인이 마음에 드는 제품을 충동구매할 때 사용했던 말이다. 마찬가지로 사케를 고를 때도 라벨 디자인이 마음에 드는 제품을 선택하는 사람이 많다. 일본어나 사케에 관한 지식이 적은 외국인이라면 더욱 그렇다. 외국인은 제품명을 한자로 크게 쓰기만 한 라벨을 읽을 수 없고 마셔보고 맛있었더라도 기억할 수 없다.

최근에는 '인스타용'도 중요하다. SNS에 '나는 지금 이런 사케를 마시고 있어요.'라고 올린 뒤 친구에게 '좋아요'를 받는 건 즐거운 일이다. 그러기 위해서는 사진을 찍었을 때 보기 좋은 것을 주문하는 게 당연할 것이다.

사케의 내용물에 관계없이 재킷으로만 고르는 사람을 깔보는 사람도 있는데 나는 사케를 잘 모르는 사람에게는 합리적인 선택법이라고 생각한다. 혹시 마셔보고 맛있으면 다음에도 또 고를 수 있고 입에 맞지 않으면 다음부터 고르지 않으면 된다. 겉만 보고 기억할 수 있다는 것도 중요하다.

사케의 내용물이 맛있는지 아닌지와 디자인이 좋은지 아닌지는 별개이다. 디자인으로 고르는 게 맛을 포기한다는 뜻은 아니다. 이미 맛있는 사케를 빚는 양조장에서는 디자인으로도 경쟁하기 바란다.

2 귀로 고른다(평판)

여기서 말하는 '귀'란 '평판'을 뜻한다. 선택을 위한 정보가 적을 때 잘 아는 사람의 평가를 참고하는 것은 결코 부끄러운 일이 아니다. 한국에는 아직 사케 전문 판매점이 손꼽을 정도인데 판매점에서도 음식점에서도 사케를 잘 아는 점원이 있으면 손님과 상담하며 선택을 도와준다.

물론 주변에 사케를 잘 아는 사람이 있다면 그 사람에게 추천을 받는게 좋다. 추천할 때 '왜 그것을 추천했는가'라는 질문에 바로 답할 수 있는 사람의 추천은 신뢰할 수 있다. 바로 답하지 못하는 사람은 그저 '그 제품의 매출을 올리고 싶어서', '그 제품 외에는 잘 몰라서'일 경우도 있으니 주의해야 한다.

'잡지에 실려서', 'TV 프로그램에 나와서'라는 이유로 고르는 사람도 많다. 평소 그 잡지나 TV 프로그램을 신뢰한다면 괜찮다고 생각한다. 인

터넷 미디어나 SNS의 경우에는 더욱 옥석이 섞여 있으므로 본인이 사케 이이 기사로도 그 미디어나 발신자를 신뢰하고 있는지 아닌지를 생각한 뒤에 참고하기 바란다.

'무슨무슨 콩쿠르 금상 수상' 등의 수상 내역이 표시된 제품을 선호해서 고르는 사람도 있다. 제품명을 가린 상태에서 술 전문가가 맛본 결과로 수상한 것이므로 객관적으로 높은 평가를 받은 것이라 할 수 있다. 단, 모든 양조장이 모든 대회에 출품하는 것은 아니다. 일부러 '대회에는 출품하지 않겠다, 대회 권위에는 의존하지 않겠다'라는 입장의 양조장도 있다. 심사도 대회마다 다른 기준을 적용하므로 상을 받은 술이라서 당신의 취향에 맞을 거라는 보장이 없다는 점에 주의하기 바란다.

③ 머리로 고른다(라벨 표시)

마신 적 없는 제품 중에서 사케를 고를 때는 라벨 표시에 의지하게 된다. 하지만 라벨 표시는 풍미가 아니라 대부분 원료나 제조법에 관한 전문 용어이므로 어느 정도 지식이 없으면 이 선택법은 어렵다.

사케에 대해 공부까지 하고 싶지는 않지만 최소한의 지식을 갖추고 싶은 사람은 '준마이'와 '긴조'라는 두 개의 용어를 기억해 두면 좋다. '준마이'란 주정을 섞지 않고 쌀 발효를 통한 알코올만으로 만든 사케로 맛의 개성을 중시한 제품이 많다. '긴조'란 쌀알 중심부만을 사용해 만든 사케로 향의 개성을 중시한 제품이 많다. 일정 조건을 충족시키지 못하면 라벨에 이러한 용어를 표시할 수 없다. 둘 중 하나의 용어를 표시할 수 있는 사케는 전체 생산량의 약 20%, 둘 다 표시할 수 있는 사케는 전체 생산량의 약 16%이다2020년 현재.

하지만 이런 표시는 제조법을 나타내는 것이지 맛있는 제품임을 보증하는 것은 아니다. 표시가 없는 제품 중에도 맛있는 술은 많다. 사케 애호가 중에는 이런 표시를 고집하는 사람도 있지만 라벨 표시도 넓은 의미에서는 자케가이와 같다고 냉정하게 이해하는 편이 좋다.

4 혀로 고른다(과거의 기억)

매장 앞이나 메뉴에 있는 선택지 중에서 당신이 과거에 마시고 맛있었던 제품이 있다면 망설이지 않아도 된다. 하지만 그러기 위해서는 마시고 맛있다고 생각한 제품을 기억해둘 필요가 있다.

미각을 기억하는 것은 어렵기 때문에 나는 '비교하며 마시기'를 추천한다. 나 역시 지난주에 마신 술과 지금 마시는 술 중 어느 쪽이 좋은지 선택하라고 한다면 비교가 어렵지만 지금 마시고 있는 두 종류의 술 중 어느 쪽이 좋은지는 자신 있게 대답할 수 있다. 이렇게 하면 혀의 기억이 아니라 뇌의 기억으로 남는다. 음식점에서 두 병의 술을 주문할 때는 한 병을 다 마시고 나서 다음에 무엇을 주문할지 생각하지 말고 처음부터 동시에 두 종류의 다른 술을 주문하는 것을 추천한다.

한 번에 두 병의 술을 주문할 수 없는 경우라면 앞에서도 소개했지만 마시고 맛있었던 술이 라벨은 사진으로 찍어 두는 걸 추천한다. 마신 술을 전부 찍는 사람도 많은데 맛있다고 생각한 술만 찍는 게 중요하다. 그것을 지속하면 자신의 전반적인 취향을 알 수 있게 된다. 사케를 잘 아는 사람에게 "저는 이런 술을 좋아해요."라며 찍어둔 사진을 보여주면 당신의 전반적인 취향을 이해하고 거기에 맞는 제품을 골라줄 것이다.

5 주머니 사정으로 고른다(가격)

쇼핑할 때 가격에 신경 쓰는 건 당연하다. 사케는 와인만큼 제품의 가격 차가 심하지 않지만 그래도 저렴한 제품부터 고가의 제품까지 다양하다. 같은 사람이라도 상황에 따라 고가 상품을 고르고 싶을 때가 있고 저가 상품을 고르고 싶을 때도 있을 것이다.

고가의 상품을 고를 경우

업무상의 접대로 사케를 활용할 경우 또는 소중한 사람에게 선물할 경우 등 고가의 상품을 고르고 싶을 때도 있을 것이다. 고가의 제품에는 쌀알 중심부만을 사용해 제조 비용이 비싼 것, 몇 년이나 숙성시켜 관리비가 비싼 것, 수요와 공급의 관계에서 정가를 넘는 프리미엄 가격이 붙은 것 등이 있다.

가격과 맛이 비례하는 것은 아니다. 당신이 엄청난 부자라면 아무 생각 없이 가장 비싼 제품을 고르면 되지만, 너무 고가인 제품에 대해서는 왜 고가인지 다른 제품과 무엇이 다른지를 점원에게 확인한 다음 납득이 된 후에 고르기 바란다.

저렴한 상품을 고를 경우

가볍게 마시고 싶은 경우 또는 예산에 제약이 있는 경우 등 저렴한 것을 고르고 싶을 때도 있을 것이다. 일본 소비자들은 가장 싼 상품을 주문하는 건 점원이나 주변 사람에게 가난한 손님으로 여겨지는 게 창피해서 두 번째로 싼 것을 주문하는 사람이 많다고들 하는데 한국 소비자는 어떨까?

가장 싼 것이 아니라도 괜찮다면 '3. 머리로 고른다 라벨 표시'에서 소개한 '준마이'나 '긴조'라는 용어를 포함한 제품 중에서 가장 싼 것을 고르는 방법도 있다. 가격과 맛은 비례하지 않는다. 저렴한 술을 고를 때는 숨은 보석을 찾는 즐거움을 느껴 보기 바란다.

중간 가격대의 상품을 고를 경우

특별한 사정이 없으면 중간 가격대의 상품을 고르는 게 무난하다. 중

간 가격대의 제품은 많으므로 다른 선택법과도 조합할 수 있다. 예를 들면 중간 가격대의 상품 중에서 '1. 눈으로 고른다'에서 소개했듯이 라벨 디자인이 마음에 드는 것을 골라도 재미있다.

6 마음으로 고른다(애착)

나는 집에 온 손님과 함께 사케를 마실 때 '내 고향의 양조장', '내가 처음 견학한 양조장', '지진이나 해일, 화재나 수해 등으로 피해를 입은 양조장' 등 애착이 가는 양조장의 제품, 응원하고 싶은 양조장의 제품을 고를 때가 많다.

일본에 여행을 가거나 유학, 체류 경험이 있는 사람은 추억의 장소에 있는 양조장에서 나온 제품이 있다면 꼭 골라보기 바란다. '마셔서 맛있는' 것도 중요하지만 '애착을 느끼는' 것도 중요하다. '애착을 느낀다'는 '마셔서 맛있다'의 구성 요소 중 하나일지도 모른다.

사케 고르는 법을 여러 가지 예로 들어 봤는데 세상에는 올바른 선택법도 틀린 선택법도 없다. 마셔보고 맛있었다면 그것이 올바른 선택법이었다는 말이다. 이것은 사케만의 이야기는 아닐지도 모르지만……. 마시기만 하지 말고 고르는 과정도 즐겨보기 바란다.

사케 이외의 일본의 술

❶ '사케'와 '쇼추'의 차이

일본어 번역 → p.175

여기서는 사케와 쇼추일본 소주의 차이를 난이도 순으로 10가지 들어 보겠다. 자신이 몇 가지나 알고 있는지 확인해 보면서 읽는 것도 좋을 것 같다.

1 원재료의 차이 (난이도 ★☆☆☆☆)

사케는 쌀로 만든다. 쌀 이외의 곡물을 사용하면 니혼슈사케라고 할 수 없다. 쇼추의 원료는 다양하며 쌀, 보리대맥, 고구마가 유명하다. 그 밖에 메밀, 흑설탕, 술지게미, 참깨, 밤 등 50종류 이상의 원료가 알려져 있다.

2 제조법의 차이 (난이도 ★☆☆☆☆)

사케는 쌀을 발효시킨 탁주를 짜서 액체를 분리한 것으로 와인 등과 같은 양조주이다. 쇼추는 짜는 게 아니라 가열해서 증발한 액체를 분리한 것으로 위스키 등과 같은 증류주이다.

3 알코올 도수의 차이 (난이도 ★★☆☆☆)

보통 사케의 알코올 도수는 15% 안팎, 쇼추는 25%가 일반적이다. 이 차이가 일본인이 쇼추를 마시는 방법에 영향을 주고 있다. 단, 요즘은 사케, 쇼추 모두 다양한 도수의 제품이 있으니 라벨을 확인해 주기를 바란다.

4 마시는 법의 차이 (난이도 ★★☆☆☆)

옛날에는 사케를 데워서 마시는 일이 많았는데 요즘은 냉장고에서 식혀서 그대로 마시는 경우가 많다. 쇼추는 예전에는 주로 뜨거운 물을 넣어 희석시켜 마셨는데 요즘은 얼음과 함께 물 또는 탄산수를 섞거나 온더록스로 마시는 경우가 많다.

5 생산지의 차이 (난이도 ★★★☆☆)

사케 양조장은 47개 도도부현 어디에나 있는데 남큐슈와 오키나와에는 적다. 효고현, 교토부, 니가타현이 생산량 상위를 차지한다. 쇼추 증

류장은 남큐슈에 많다. 미야자키현, 가고시마현, 오이타현이 생산량 상위를 차지한다.

6 보관법의 차이 (난이도 ★★★☆☆)

사케는 장기 보관해도 부패하지 않지만 쇼추와 달리 당분과 아미노산을 함유하고 있어서 점점 색과 풍미가 달라진다. 변화를 좋아하는 사람은 상관없지만 어둡고 서늘한 곳, 가능하면 냉장고에 보관하며 장기 보관은 피하기를 바란다.

7 향의 차이 (난이도 ★★★★☆)

사케는 보통 쌀과 누룩향이 나는데 요즘은 효모 선택 등에 따라 과일향이 나는 사케가 인기 있다. 일본 쇼추는 쌀, 보리, 고구마 등 다양한 원료에서 유래한 향을 즐길 수 있다.

8 맛의 차이 (난이도 ★★★★☆)

사케는 당분과 아미노산을 함유하고 있어 단맛, 신맛, 감칠맛, 쓴맛 등 다양한 맛을 느낄 수 있다. 쇼추에는 당분과 아미노산이 들어 있지 않지만 인간은 향에서 맛을 연상하므로 원료의 맛을 느낄 수도 있다.

9 숙성법의 차이 (난이도 ★★★★★)

사케를 숙성할 때는 온도와 시간이 중요하므로 대담한 변화를 주고 싶을 때는 상온에서, 부드럽게 변화시키고 싶을 때는 통이나 병에 넣어 냉장 상태로 숙성시킨다. 쇼추를 숙성할 때는 통기성도 중요하므로 나무통이나 도자기 항아리도 많이 쓰인다.

10 누룩곰팡이의 차이 (난이도 ★★★★★)

일본의 발효식품에는 누룩곰팡이가 활약한다. 누룩곰팡이 중에서도 사케, 된장, 간장에는 황국균을 사용하지만 쇼추에는 오키나와의 아와모리 같이 흑국균 및 흑국이 변이한 백국균이 쓰인다.

❷ 가고시마에서 '술'을 주문했더니 쇼추가 나왔다

일본어 번역 → p.178

몇 년 전, 규슈 남단에 위치한 가고시마에 갔을 때 라멘 가게에 들어 갔다. 메뉴를 보니 '맥주' 다음에 '술'이라고 적혀 있다. 점원에게 "술 한 잔 주세요."라고 주문해 보니 뜨거운 물을 섞은 고구마쇼추가 든 컵이 나왔다. '가고시마에서는 술 하면 쇼추를 뜻한다'는 말은 사실이었다. 요 즘은 니혼슈사케와 헷갈리지 않도록 메뉴에 '쇼추'라고 표기하는 가게가 늘어났지만 알코올음료는 맥주와 쇼추만 있는 가게가 많다.

일본 국내에서도 남큐슈에서는 사케보다 쇼추가 일반적이다. 오키나와 의 아와모리도 쇼추의 일종이다. 남큐슈·오키나와에서는 어째서 사 케가 아니라 쇼추·아와모리일까? 그 힌트는 '일본 열도가 남북으로 길다'는 점에 있다.

인간은 전 세계 어디서든 그곳에 있는 재료로 술을 빚는 동 물이다. 서양에서는 포도가 나는 곳에서 와인을 빚었고 보리가 나는 곳에서는 맥주를 빚었다. 동양에서는 쌀을 수확하는 곳에서 쌀로 술을 빚었다.

포도 껍질과 씨, 보리 껍질은 맛이 없기 때문에 와인과 맥주를 빚을 때는 발효한 뒤에 액체와 고체를 분리하는 작업이 필요하다. 그에 비해 탈곡을 마친 쌀은 그대로 먹을 수 있어서 액체와 고체를 분리하지 않는 탁주_{한국에서는 막걸리, 일본에서는 도부로쿠}도 맛이 좋고 영양도 풍부하다. 그냥도 마실 수 있는 탁주에서 품을 들여 액체와 고체를 분리한 청주는 사치스러운 귀중품이었다.

탁주를 고체인 술지게미와 액체인 청주로 분리하는 방법은 중력을 이용하는 방법인 침전과 압력을 이용하는 방법인 압착 등 다양한데 그 후에 열을 이용해 증발한 기체를 액체로 되돌려 분리하는 방법인 증류가 추가되었다.

서양에서는 포도로 브랜디를 만들고 보리로 위스키를 만들었다. 동양에서는 쌀로 증류주_{한국에서는 소주, 남큐슈에서는 쇼추, 오키나와에서는 아와모리}를 만들었다. 증류주는 알코올 도수가 높아서 소량으로 취할 수 있으며 장기 보존도 가능하지만 기술과 수고를 필요로 해서 귀중품이었다.

그럼 남큐슈에서는 왜 쇼추가 일반적이 되었을까? 그 이유는 남큐슈에서는 쇼추보다 사케가 귀했다는 것이다. 사케는 주로 겨울에 빚는다. 고품질의 사케를 양조하기 위해서는 발효 온도를 섬세하게 조절해야 한다. 냉장설비가 없던 옛날, 온도가 낮을 때 데우는 건 가능해도 온도가 높을 때 식히는 일은 불가능했다. 따라서 추운 겨울이 긴 지역이 사케 양조에는 유리하다.

남큐슈는 한겨울에도 따뜻하다. 발효 온도가 너무 높으면 잡균이 번식해 실패하는 일이 많고 맛있는 사케를 빚을 수 없다. 또 남큐슈에는 화산이 많다. 화산재 토지에서 고구마는 자라도 쌀은 재배하기 어렵다. 귀중한 쌀로 사케를 빚으려다 실패해도

버릴 수가 없는 것이다.

이때 도움이 되는 것이 증류라는 기술이다. 고구마를 알코올 발효시켜
도 그냥은 맛있게 마실 수 없지만 이것을 증류시키면 알코올을 추출할
수 있다. 이렇게 남큐슈에서는 쇼추, 특히 고구마쇼추가 일반적인 알코올
음료가 되었다.

오키나와의 아와모리도 마찬가지이다. 겨울에도 따뜻하고 평지가 적으
며 태풍이 많아서 쌀은 귀하다. 그래서 옛날부터 무역 상대였던 태국의
쌀로 증류주를 만들었다.

사케와 쇼추에는 다른 점이 많지만 많은 일본인이 사케를 좋아하는 가운데 남큐슈 사람만 쇼추를 선호한 것은 아니다. 누구나 그저 '술'이 마시고 싶었을 뿐이다. 그곳에 있는 재료로 술을 빚은 결과가 일본의 많은 지역에서는 사케라 불리는 술이었고 남큐슈에서는 쇼추라 불리는 술이었던 것이다. 그래서 가고시마에서는 '술'하면 쇼추이다.

❸ 일본인은 쇼추에
찬물이나 뜨거운 물을 타서 마신다

일본어 번역 → p.181

1993년, 내가 한국에서 처음 술집에 갔을 때, 한국인이 모두 소주를 스트레이트로 마시는 것을 보고 충격 받았다. 대부분의 일본 쇼추는 알코올 도수가 25%이며 당시 한국 소주도 25%였다.

일본에서 대부분의 일본인은 쇼추에 찬물이나 뜨거운 물을 타서 마신다. 내가 20대였을 때는 나이 든 사람은 뜨거운 물을, 젊은이는 찬물을 타서 마셨다. 쇼추를 온더록스나 스트레이트로 마시는 사람은 드물었으

며 오히려 '쇼추는 위스키나 보드카가 아닌데'라며 냉랭한 시선으로 보는 사람도 있었다.

일본 쇼추는 대부분의 일본인이 그대로 마시지 않을 만큼 진한 상태로 판매된다. 이것은 찬물이나 뜨거운 물을 타도 즐길 수 있다는 뜻에서는 합리적이다. 사케의 경우 차게 마시고 싶은 사람은 냉장고에 넣어 차갑게 해야 하고 따뜻하게 마시고 싶은 사람은 용기를 뜨거운 물에 담가 데워야 하는데 쇼추의 경우는 찬물이나 뜨거운 물을 타는 과정으로 온도를 조절할 수 있다.

'로쿠욘(6:4)'의 황금 비율

나는 후쿠오카현 출신인데 어린 시절이던 1970년대, TV 광고에서 '로쿠욘의 오유와리'라는 선전 문구를 많이 들었다. 어린아이였던 나로서는 무슨 뜻인지 알 수 없었지만 이것은 쇼추는 '쇼추 6 : 뜨거운 물 4'의 비율로 뜨거운 물을 타서 마시기를 추천한다는 뜻이었다.

당시 쇼추는 일본 국내에서도 규슈 남부의 가고시마현과 미야자키현 이외에서는 별로 마시지 않았다. 판로를 확대하고자 가고시마의 쇼추 회사가 규슈에서 가장 인구가 많은 후쿠오카현으로 시장을 확장하려던 시기였다. 당시 후쿠오카현에서는 쇼추보다 사케를 많이 마셨는데 사케는 일반적으로 칸자케로 즉, 데워서 마셨다.

알코올 도수 25%의 쇼추를 '쇼추 6 : 뜨거운 물 4'의 비율로 섞으면 사케의 알코올 도수와 거의 비슷한 15%가 된다. 게다가 따뜻하다. 즉, 사케를 데워 마시는 습관이 있는 당시 후쿠오카 사람들에게 익숙하지 않은 쇼추를 거부감 없이 마시도록 하기 위해서는 '로쿠욘의 오유와리'를 추천하는 것이 합리적이었다. 나는 사케와 쇼추 소믈리에 공부를 하면서 비로소 당시 쇼추 회사의 마케팅 전략을 이해하고 감탄했다.

사케와 도수가 비슷해진 한국 소주

내가 1990년대 초에 처음 마신 한국 소주는 알코올 도수가 25%였지만 그 후 2000년대 중반에 한국에서 일할 때 소주의 알코올 도수는 보통 20%가 되어 있었다. 그리고 그 후에도 소주의 알코올 도수는 계속 내려가 2020년대인 지금은 16%의 소주가 판매되고 있다. 이것은 이제 사케와 같은 수준이다.

사케는 알코올 도수가 보통 15~16%이며 18%의 원주도 있다. 첫머리에서 내가 '한국인이 모두 소주를 스트레이트로 마시는데 충격받았다'고 했는데 16%의 소주라면 스트레이트로 마셔도 충격적이지 않다. 한국인이 술에 약해진 것일까?

한국에서는 법령으로 '알코올 도수 17% 이상의 주류는 방송에서 광고할 수 없다'고 정해져 있으므로 16%의 소주에는 광고 전략도 들어 있을 것이다. 하지만 최근 한국의 젊은이는 술에 약해졌다기보다는 건강을 고려하면서 술을 마시게 된 것 같다. 최근 한국에서 사케의 인기가 올라간 배경에는 사케의 매력은 물론이거니와 한국인이 좋아하는 술의 알코올 도수가 낮아져 마침 사케의 도수가 된 것도 하나의 원인이지 않을까 생각한다. 한국에서 와인이 인기인 것도 같은 이유에서 설명할 수 있을 듯하다.

하지만 나는 중요한 사실이 하나 떠올랐다. 한국인은 소주에 뜨거운 물이나 찬물을 타서 마시지 않지만 그 대신 소주를 맥주와 섞어 마시지 않는가! 역시 한국인은 여전히 일본인보다 술이 센 것 같다.

❹ 일본에서
'탁주'와 '탁한 술'은 다른 술이다

일본어 번역 → p.184

일본에도 한국의 막걸리와 비슷한 '도부로쿠'와 '니고리자케'라는 술이 있다. 생산량이 적어서 일본인이라도 마셔본 적 없는 사람이 많고 한국에는 거의 수입되지 않아 들어보지 못한 사람도 많을 것이다.

단어의 뜻은 같지만 제조법은 조금 다르다

도부로쿠는 한자로 '濁酒탁주'라 쓰고 일본어로는 '다쿠슈'라고 읽지만

실제로는 '도부로쿠'라고 부르는 일이 많다. 어원은 불분명하지만 한자로 탁한 술덧누룩을 섞어 버무린 지에밥. 술의 원료가 된다을 뜻하는 '濁醪탁료'라 표기하고 '다쿠로우'라고 읽으므로 이것이 변한 것이라고들 한다.

니고리자케濁り酒는 한자로 적으면 알 수 있듯이 탁한 술을

뜻한다. '도부로쿠탁주'와 '니고리자케탁
한 술'는 언어적으로 같은 뜻이지만 실
제로는 다른 술을 가리키는 말로 사용
한다.

사케를 빚을 때는 발효한 걸쭉한 술
덧을 걸러 액체와 고체로 분리한다. 액
체 부분이 청주, 고체 부분이 술지게미이
다. 청주 중에서도 일본 국내에서 일본산
쌀로 만든 청주가 니혼슈라고 불린다. 그리고 술덧을 거르지 않고 액체
와 고체가 섞인 그대로의 상태가 도부로쿠탁주이다. 발효하지 않은 쌀알
이 남아 있는 제품도 있고 그 쌀알을 갈아서 부드럽게 만든 제품도 있다.

니고리자케는 청주와 탁주의 중간적 존재이다. 술덧을 걸러 액체와 고
체를 분리할 때 성긴 천이나 망으로 거르면 탁한 액체가 된다. 이것이 니
고리자케이다.

일본 법률에는 탁주가 없다

일본의 주세법에는 청주의 정의 안에 '거른 것'이라고 적혀 있다. 성긴
천이나 망으로 여과한 니고리자케는 보기에는 탁하지만 '거른 것'이기 때
문에 법률상으로는 일반적인 사케니혼슈와 마찬가지로 청주이다.

도부로쿠는 거르지 않았으므로 청주는 아니다. 한국의 주세법에는 청
주나 약주와는 별도로 탁주라는 항목이 있지만 일본의 주세법에는 탁주
라는 독립된 항목이 없다. 일본의 도부로쿠는 '기타 양조주' 항목에 포함
된다. 도부로쿠는 법률적으로 홀대 받아 온 듯한 느낌이다.

도부로쿠는 밀주였다?

일본에서 '도부로쿠'라 하면 '밀주'라는 느낌을 받는 사람이 많다. 일본에서는 1899년부터 자가 양조가 금지되었고 그 이후 도부로쿠는 주로 밀주로 빚어졌기 때문이다. 1980년대에 '자가 양조를 인정하지 않는 주세법은 위헌이다'라고 주장하며 재판을 건 사람이 패소한 사건은 '도부로쿠 재판'으로 알려져 있다.

합법적으로 도부로쿠를 빚고 있는 곳은 주조 면허를 갖고 있는 양조장 및 극히 일부의 신사이다. 여기에 더해 2002년 이후 농가에서 직접 만든 도부로쿠를 민박이나 식당에서 제공할 경우 등에 소규모의 주조

면허를 부여하는 제도가 생겼다. 이것은 '도부로쿠 특구'라 불리며 전국 100곳 이상의 지역에서 지역 부흥에 기여하고 있다.

도부로쿠와 니고리자케의 테이스팅

도부로쿠 중에서도 발효하지 않은 쌀알이 남아 있는 제품은 죽 같은 식감이며 그 쌀알을 갈아서 부드럽게 만든 제품은 연유나 요구르트 같은 식감이다. 작은 규모에서 간단한 설비로 제조하므로 사케만큼 알코올 발효가 진행되지 않는 경우도 많으며 알코올 도수는 맥주나 막걸리와 비슷한 5도 안팎의 제품부터 사케와 비슷한 15도 안팎의 제품까지 다양하다.

니고리자케는 성기게 거르는지 촘촘하게 거르는지에 따라 거의 도부로쿠에 가까운 제품도 있고 거의 사케에 가까운 '우스니고리'라 불리는 제품도 있다. 알코올 도수는 사케와 비슷하다.

한국에서 도부로쿠나 니고리자케를 살 수 없는 이유

노부로쿠는 한정된 장소에서 소량 생산하여 현지에서 소비하므로 일본인이라도 일반 사람이 마실 기회는 적다. 니고리자케는 일본의 사케 전문점에서는 구입할 수 있고 홈쇼핑으로도 살 수 있다. 하지만 한국에서는 '우스니고리'는 종종 발견해도 도부로쿠에 가까운 니고리자케는 본 적이 없다.

니고리자케는 사케의 일종으로 일반 사케와 가격대가 비슷하다. 한국에 수입되면 가격이 비싸진다. 한국인이 니고리자케를 '일본의 막걸리'라는 눈으로 보게 된다면 비싸서 살 마음이 생기지 않을 것이다.

한국 막걸리 중에서도 '프리미엄 막걸리' 또는 '크래프트 막걸리'라 불리는 고급 제품이 늘어나고 있는데 막걸리는 저렴한 술이라는 고정관념을 가진 사람에게는 거부감이 있을 듯하다. 앞으로 막걸리도 저렴한 제품부터 고급 제품까지 존재한다는 다양성이 한국 사회에 정착한다면 일본의 다양한 니고리자케 제품도 한국에 수입될지 모르겠다.

❺ 일본에는 약주가 없다

 일본어 번역 → p.187

한국어를 읽을 줄 아는 일본인은 한국의 슈퍼마켓이나 백화점 주류 매장에 약주藥酒가 많다는 사실에 놀란다. 일본에서는 약용주藥用酒 하면 주로 약국에서 판매하며 약의 일종이다.

시험 삼아 한국의 약주를 몇 종류 사 봤는데 일본인이 상상하던 약용주와 다르고 생약 성분이 적다. 그중에는 생약 성분이 전혀 포함되지 않은 약주도 있으며 청주清酒와 어디가 다른지 모르겠다는 일본인이 많다.

우선 한국의 청주와 일본의 청주는 그 내용물이 다르다는 점부터 설명할 필요가 있다. 둘 다 한자로 표기하면 똑같고 탁주에 비해 맑은 술을

뜻하는데 한국과 일본의 술 역사의 차이가 반영되어 양쪽의 내용물은
다르다.

일본과 한국의 청주 원료와 발효제

일본 청주는 쌀을 원료로 빚으며 생약 등의
부원료는 사용하지 않는다. 쌀 전분을 당화 발
효하기 위해서는 쌀누룩, 즉 쌀을 쪄서 누룩곰
팡이의 포자를 접종해 배양한 것을 사용한다.
당을 알코올 발효시키기 위해서 옛날에는 양조
장 내부의 효모가 자연스럽게 증식하기를 기다
렸는데 그 뒤 고품질의 효모를 배양해 사용하게
되었다.

한편 한국 청주도 쌀을 원료로 빚는데 부원료의 자유도가 높다. 그리
고 당화 발효, 알코올 발효 모두 누룩을 사용하는 게 특징이다. 한국의
누룩은 일본의 쌀누룩과는 달리 생밀가루를 물에 개서 누룩 방에 두면
방 안에 정착해 있는 다양한 곰팡이와 효모가 자연스럽게 증식해 누룩
이 생긴다.

한국의 청주와 약주

한국 청주는 약주라고도 불린다. 그 이유에 대해서는 '금주령이 내려
졌을 때 약은 예외였으므로', '약봉※ 선생이 맛있는 청주를 빚었기 때문
에', '약현동에서 맛있는 청주를 빚어서' 등 여러 설이 있는데 아무튼 생
약을 부원료로 사용한 청주가 아니라도 약주라고 부를 수 있었다는 말
이다.

※ '약봉'은 조선 시대 학자인 서유거徐有榘의 호로 그는 좋은 술을 빚는 것으로 유명했으며 약현동에 거주했다.

한국 주세법상의 청주와 약주

20세기에 들어서 한국 내에서 일본식 청주를 빚을 수 있게 되어 한국식 청주와 일본식 청주를 구별할 필요가 생겼다. 그래서 한국 주세법에서는 한국식 청주는 그 별칭인 '약주'라 부르고 일본식 청주를 그대로 '청주'라 부르게 되었다. 물론 한국 주세법에 일본식이라는 표현은 없지만 청주의 정의에서 '누룩 사용량이 1% 미만'이므로 누룩을 전혀 사용하지 않은 일본식 청주는 자동적으로 한국 주세법에서는 청주가 된다. 한국식 청주는 누룩의 양이 1% 이상인지 1% 미만인지에 따라 약주라 부르는지 청주라 부르는지를 선택할 수 있다.

현재 한국에서 판매하는 청주에는 한국식 청주 중에서 누룩이 1% 미만인 제품도 있고 일본식 청주도 있다. 표시란을 잘 읽으면 차이를 알 수 있는데 글자가 작아서 중장년은 읽기 힘들다.

한국 청주와 약주의 다양성

한국 주세법의 청주는 각종 식물성 부원료와 감미료의 사용이 인정되는 등 몇 가지 점에서 일본 주세법의 청주보다도 자유도가 높다. 따라서 한국 주세법의 청주는 일본 주세법의 청주=니혼슈보다도 대상 범위가 넓다. 일본인, 한국인 모두 같은 한자를 사용하는 단어는 같은 뜻이라고 기대하는데 외국어인 이상 같은 한자라도 뜻이 다른 단어는 드물지 않다.

한국 주세법의 약주는 한국 주세법의 청주보다도 자유도가 더욱 높다. 쌀 이외의 곡물을 주원료로 할 수 있으며 청주에서는 인정되지 않는 과

일이나 채소도 사용할 수 있다. 누룩의 사용과 함께 이러한 다양성이 한국 술의 특징이다. 이리하여 한국어를 읽을 줄 아는 일본인들은 한국의 슈퍼마켓이나 백화점 주류매장에서 약주의 다양성에 놀란다.

약주와 닮은 크래프트 사케

일본 주세법에 약주라는 분류는 없고 청주에 허브 등의 부원료를 사용할 수 없다. 혹시 첨가하면 그것은 '기타 양조주'로 취급되며 주조 면허도 청주와는 다른 면허가 필요하다.

하지만 최근 들이 의도적으로 '기타 양조주' 면허를 취득해 청주에 허브 등 부원료를 사용한 술을 빚는 몇몇 벤처기업이 생겨났다. 청주 면허를 신규로 취득하기는 굉장히 어렵지만 '기타 양조주' 면허는 신규 취득이 비교적 쉽다는 데 착안한 창업이다.

이러한 술은 청주라고도 니혼슈라고도 할 수 없지만 최근 '크래프트 사케'라고 부르게 되었다. 해외 시장을 강하게 의식한 양조장도 있는 모양이다. 앞으로 기회가 있다면 젊은 한국인 양조가가 빚은 한국 약주와 젊은 일본인 양조가가 빚은 크래프트 사케를 비교하며 마셔보고 싶다.

❻ 일본에는 약주는 없지만
약용주가 있다

일본어 번역 → p.191

한국의 약주藥酒는 일본의 약용주藥用酒와 달리 생약 성분이 적다. 개중에는 생약 성분이 들어 있지 않은 약주도 있다. 독자 중에는 '그럼 일본의 약용주는 어떤 술이지?'라고 의아하게 여기는 사람도 있을 것이다. 일본에 여러 번 갔지만 약용주는 마신 적이 없다는 사람이 대부분일 것이다. 그도 그럴 것이 약용주는 주류 판매점에서는 팔지 않으며 선술집 메뉴에도 없기 때문이다.

약용주의 예 (1) 요메이슈(養命酒)

일본인에게 약용주의 예를 물으면 많은 이가 요메이슈라고 대답할 듯 하다. 1602년에 요메이슈라는 이름으로 제조하기 시작해 이듬해에는 도쿠가와 이에야스德川家康에게 바쳤다는 기록이 남아 있다.

요메이슈는 미림에 14종류의 생약을 담가 만든다. 미림이란 찐 찹쌀에 쌀누룩을 첨가해 당화 발효시킨 뒤 쇼추와 섞어 숙성시킨 술이다. 요리 주로 알려져 있지만 본격적인 제조법으로 만든 본미림은 그대로 마셔도 달고 맛있는 술이다. 단, 슈퍼마켓에서 파는 '미림풍 조미료'는 물에 당류와 아미노산, 향료를 첨가한 액체로 알코올은 거의 들어있지 않다. 미림 풍 조미료와 본미림은 전혀 다르다.

언뜻 보면 요메이슈는 메이플 시럽 같은 색과 점성이 있으며 한약 냄새 가 강하다. 한국의 보약을 농축한 진액 같은 이미지이다. 14%의 알코올 이 들어 있지만 술로서 즐길 음료가 아니다. 약으로서 20㎖씩 하루 세 번 복용하게 되어 있다.

약용주는 술일까 약일까

일본에서 약용주는 약사법의 규정에 따라 제조 허가를 받은 의약품이 다. 약국에서 판매하며 주류 판매점에서는 팔지 않는다. 주세법상 주류 는 알코올 1% 이상의 음료라고 정의되는데 당시 후생성과 국세청이 협의 해 일정 조건을 충족한 알코올 함유 의약품은 '주류로 취급하지 않는 것' 이라고 여기고 있다.

최근에는 규정이 완화되어 일부 의약품은 슈퍼마켓이나 편의점에서도 판매할 수 있게 되었다. 그 결과 약용주도 종종 보이게 되었는데 결코 약 용주를 주류로 취급하게 된 것은 아니다.

반면 생약이 들어 있어도 약사법상 의약품이 아니면 주세법상 주류이다. 요메이슈의 제조사는 고려인삼주도 만들고 있어서 고려인삼을 포함한 15종류의 허브를 사용하지만 이것은 주세법상 혼성주리큐어이다. 한국의 백세주도 한국에서는 약주이지만 일본에서는 혼성주로서 판매되고 있다.

약용주의 예 (2) 도토슈(陶陶酒)

도토슈를 판매하는 도토슈혼포 역시 1690년에 창업한 노포이다. 생약에 살모사를 넣는 제조법이 특징인데 그 때문에 젊은 세대의 구매욕을 자극하지 못해 경영적으로는 어려움을 겪고 있다. 현재는 약용주인 도토슈와 주류인 도토슈를 모두 만들고 있으며 소주잔 같은 50㎖짜리 용기에 들어 있는 '데루컵'이라는 도토슈는 편의점에서도 볼 수 있다. 알코올 도수는 29%와 12%짜리가 있다. 지금은 원재료 표시의 십수 종류 중에 살모사가 들어 있다는 사실을 알아차리는 소비자는 거의 없을 듯하다.

약용주의 예 (3) 고테이슈(黄帝酒)

고테이슈에는 10종류의 생약과 타우린이 들어 있다. 알코올 도수는 14%이다. 약용주로서의 고테이슈보다도 의약품이지만 알코올은 3% 이하인 영양 음료 고테이액黄帝液이 '윤켈'이라는 제품명으로 잘 알려져 있다.

약용주와 같은 제조법의 주류 호메이슈(保命酒)

히로시마현 후쿠야마시広島県 福山市에 도모노우라鞆の浦라는 항구 마을이 있다. 에도 시대부터 해상 교통의 요충지로 번성했으며 미야자키 하야오 감독이 이 마을에서 애니메이션 영화 '벼랑 위의 포뇨'를 구상했

다는 것으로도 유명해졌는데 이 마을에서 1659년부터 제조한 약용주가 호메이슈이다. 조선통신사도 여러 차례 들렀으며 호메이슈를 마시고 지은 시가 남아 있다.

현재는 네 곳의 양조장에서 호메이슈를 만들고 있다. 양조장마다 제조법이 조금씩 다르지만 16종류의 생약을 사용하며 13~14%의 알코올이 들어 있다. 의약품으로 신청하지 않아 주세법상 혼성주로 판매되고 있다. 이 지역을 여행하게 되면 들러보기 바란다.

가정에서 만들 수 있는 약용주 도소슈(屠蘇酒)

일본에서는 정월에 도소슈를 마시는 풍습이 있다. 몇 종류의 생약을 배합한 도소산屠蘇散을 청주나 혼미림에 하룻밤 담가 풍미를 더한 간편한 약용주이다. 연말이면 약국이나 주류 판매점, 슈퍼마켓에서 티백과 비슷한 모양의 도소산을 살 수 있다. 도소란 나쁜 기운을 물리친다는 뜻인데 젊은 세대 중에는 도소슈를 마시는 풍습을 모르는 사람도 많아 아쉽다. 혹시 '귀멸주'라고 하면 인기가 부활하려나.

제4장

일본의 술문화

❶ 일본의 비즈니스 매너
"일단 맥주!"

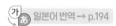 일본어 번역 → p.194

　　나는 술을 맛보는 건 좋아하지만 알코올에는 약하다. 내가 막 사회인이 됐을 무렵, 회식으로 술집에 가면 난처한 일이 하나 있었다. 처음에 종업원이 주문을 받으러 오면 간사가 꼭 "일단 맥주!"라며 모든 인원수만큼 맥주를 주문한다. 잠시 후 내 앞에는 선택의 여지 없이 맥주잔이 놓이고 맥주가 채워진다. 이것으로 건배를 하고 잔을 모두 비우기도 전에 또 맥주가 채워진다. 이렇게 내가 오늘 마실 수 있는 알코올의 양이 점점 줄어든다. 맥주를 싫어하지는 않지만 어디서든 마실 수 있는 맥주보다는 이 가게에서 추천하는 사케나 쇼추를 천천히 맛보고 싶은데…….

　　하지만 나도 점차 이 비즈니스 매너를 이해할 수 있게 되었다. 요컨대 한시라도 빨리 건배하고 싶은 것이다. 특히 참석자 사이

에 상하 관계가 있는 자리에서 손윗 사람을 기다리게 하는 것은 실례이
다. 그래서 '일단 맥주'인 것이다.

병맥주는 무적이다. 몇 병인지 신경 쓸 필요도 없다. 종업원은 냉장고
에서 그대로 가져와 테이블에 계속 놓기만 하면 된다. 그러면 참석자들
이 자발적으로 서로 맥주를 따르기 시작하기 때문에 종업원은 아무것도
하지 않아도 된다. 주문 후 건배까지 그야말로 전광석화다.

따라서 간사는 "여러분, 무엇을 마시고 싶은지는 나중에 개별적으로
주문을 받을 테니 일단 건배는 전원 통일해서 맥주로 하겠습니다."라며
모든 인원수만큼의 맥주를 주문하는 것이 정답이다. 난 이것이 '일단 맥
주'의 정체라고 이해하고 있다.

한국에서는 일본어의 '토리아에즈 비루とりあえずビール'를 '우선 맥주'
라고 번역하는 일이 많은데 이것은 좀 다르다. 나는 '일단 맥주'라고 번역
하는 게 일본어 뉘앙스에 가까운 것 같다.

내가 사회인이 됐을 무렵 이 비즈니스 매너는 강력했다. 술을 마시지 못하는 사람도 '일단 맥주'에 대해 "저는 우롱차※ 주세요."라고 하면 '분위기 파악 못 하는 녀석', '젊은 사람이 상사를 기다리게 하는 건 실례'라며 차가운 시선을 받게 된다. 일단은 모두와 같이 맥주로 건배만 하고 그 뒤에 우롱차를 주문해 맥주는 입을 대지 않은 채 옆 사람에게 마셔달라고 하는 것이 '술은 마시지 못하지만 우수한 젊은 직원'의 비즈니스 매너였다.

※ 일본 술집에서는 우롱차가 대표적인 논 알코올 음료이다.

하지만 시대는 변했다. 요즘 간사는 처음에 "못 마시는 사람은 손드세요." 라고 인원수를 센 뒤 그 사람들에게는 '일단 우롱차'를, 남은 사람들에게는 '일단 맥주'를 주문하는 게 정답이다.

또한 옛날 술집은 맥주 하면 보통 병맥주였는데 요즘은 맥주 서버로 잔에 생맥주를 따라서 내오는 일이 많다. 이 경우 종업원이 인원수만큼 맥주를 따라야 하므로 꼭 '맥주니까 빠르다'고는 할 수 없게 되었다. 요즘은 '일단 맥주'의 관습도 점차 사라지고 있는 듯하다.

나는 30년 가까이 일하고 나서야 겨우 내가 윗사람 입장에 있는 회식이 늘어났다. "일단 맥주로 괜찮으신가요?"라고 묻는 간사에게 "저는 사케로."라고 해도 이제 아무에게도 비난을 받지 않는다. 다만, 곤란한 일이 하나 있다. 모두 "네? 처음부터 사케세요? 술이 세시군요."라고 한다. 술이 약해서 적은 주량으로 좋아하는 술을 마시고 싶을 뿐인데 말이다.

❷ 건배는 한 번만 하는 일본인, 첨잔하는 일본인

 일본어 번역 → p.197

아직 한국 생활에 익숙하지 않았을 무렵, 한국인과 술을 마시러 가면 몇 번이나 건배를 하라고 해서 당황스러웠다. 일본인은 보통 처음 한 번만 건배를 하므로 자꾸 건배하는 한국의 음주 문화에 위화감을 느낀 것이다.

건배는 한 번뿐인 일본인

고대 일본에서는 귀중한 수확물과 술은 신에게 먼저 바쳤다. 그다음 그것과 같은 것을 먹고 마시면서 신과의 일체감, 그리고 참가자 모두가 일체감을 느꼈다. 현대에도 일본의 전통적인 결혼식에서는 산산쿠

도三三九度라 하여 신랑과 신부가 번갈아 술을 마시는 의식이 있다. 이것은 두 사람의 인연이 굳건해지는 것을 상징하는 의식으로 서양식 결혼식에서 반지 교환에 해당한다.

단, 일본의 전통적인 결혼식에서는 산산쿠도 의식 뒤에 신랑과 신부의 가족도 같은 술을 마심으로써 두 가족이 새로운 친척으로서 인연을 굳건히 한다. 일본인에게 술은 참가자 모두가 일체감을 확인하기 위한 도구인 것이다.

건배라는 말은 중국어에서 유래했는데 일본에서는 모두가 같은 술을 마시는 의식과 융합했다. 현재 연회 자리에서의 건배는 의식의 종료와 친목의 시작을 선언하는 기능을 한다. 우선 연장자가 인사를 하고 그 다음 건배한 뒤 먹고 마시기 시작한다. 연장자의 인사를 가만히 듣고 있던 참가자는 건배를 신호로 즐겁게 먹고 마시며 대화를 시작한다. 고대의 비유로 말하자면 건배 이전은 신의 시간, 건배 이후는 인간의 시간이다.

한국인 친구에게 이러한 이야기를 장황하게 설명하려면 시간이 걸리므로 보통은 "일본인에게 '건배'는 술에 대한 '잘 먹겠습니다'이다."라고 설명한다. 새로운 요리가 나올 때마다 "잘 먹겠습니다."라고 하지 않듯 '건배'도 첫 잔을 마시기 시작할 때만 한다고 말이다.

술을 첨잔하는 일본인

건배는 한자로 乾杯잔을 비우다라고 쓰는데 앞서 말했듯 일본에서는 참가자 모두가 같은 술을 마심으로써 일체감을 느끼는 것이 목적으로 술이 센 사람은 한번에 다 마시지만 술이 약한 사람은 입만 대는 정도라도 괜찮다. 하지만 건배한 뒤에 다 마실 뿐 아니라 건배하기 전에 잔에 남아 있는 술을 모두 마시고 잔을 다시 채운 후에 건배를 하는 한국의 술자리

문화는 술이 약한 내게는 부담스럽다.

아직 한국 생활이 익숙하지 않았을 무렵, 한국인과 몇 차례 술을 마시러 가서 여러 번 건배를 하게 되는 것은 이해했다. 새로 건배하기 위해 잔에 술을 채워야 하는 것도 이해했다. 하지만 마시다 만 잔을 내밀면 불만스러운 표정들을 짓는다. 따르기 전에 다 마시라는 의미 같다. 나는 '아니, 건배한 다음에 다 마실 거니까 건배하기 전에는 잔을 비우지 않아도 되잖아.'라고 마음 속으로 힘겹게 항변하는 수밖에 없었다.

일본에서는 특히 병맥주를 컵으로 마실 때 가까이 있는 사람의 컵에 든 술이 반 이하가 되면 첨잔해 주는 사람이 많다. 개인적으로는 도중에 잔을 채워주면 내가 얼마나 마셨는지 주량을 알 수 없어 별로지만 많은 일본인은 상대방 특히, 손윗사람의 컵이 가득 차 있지 않으면 실례라고 느끼는 모양이다. 남은 것을 마시는 게 아니라 항상 가득 찬 잔의 첫 모금을 마셨으면 하는 것이겠지. 그래서 따를 때마다 상대에게 다 마시는

것까지는 요구하지 않는다.

이러한 일본의 음주 문화를 모르는 한국인이 일본인과 술을 마시러 가면 건배하는 것도 아닌데 빈번하게 술을 권하는 일본인이 당황스러울 수 있다. 대부분의 한국인은 술을 권할 때마다 습관적으로 따라주기 전에 일단 잔을 비우므로 결과적으로 일본인보다 많이 마시게 된다.

서로 다른 문화 교류의 현장에서는 상대방과 자신의 차이점을 재밌게 느끼는 순간과 부담스럽게 느끼는 순간이 있다. 상대방도 그 자신만의 논리가 있다는 걸 이해했을 때는 재밌게 느끼는 일이 많다. 음주 문화도 예외는 아니다. 내가 좀 더 술이 셌다면 항상 재밌다고 느낄 텐데……

❸ 이자카야와 사카야,
'이'의 차이는 크다

일본어 번역 → p.200

한국에서 이자카야居酒屋라는 이름의 일본식 술집이 늘었다. 하지만 일본어로 사카야酒屋라고 하면 술집이 아니라 주류 판매점을 뜻한다. 일본인이라면 누구나 '이居'의 유무에 따라 뜻이 달라지는 것을 알고 있지만 왜 다른지를 설명할 수 있는 사람은 적을 것이다.

이미 에도 시대부터 어느 마을에나 사케와 쇼추를 파는 사카야가 있었다. 하지만 아직 유리병이 보급되기 전의 이야기로 나무통에 든 상태로 사카야에 납품되었다. 그래서 손님은 '가요이돗쿠리'라는 도자기 용기에 술을 받아서 집에 돌아간다. 이 용기는 가게의 소유물로 가게 이름이 적혀 있는 일이 많다. 손님은 술이 떨어지면 다시 같은 사카야에 가서 술을 사 온다. 커피숍의 리필용 텀블러보다 100년도 더 전에 있던 친환경 시스템이다.

일본 애니메이션 '귀멸의 칼날'에

서 도깨비와의 전투로 목숨을 잃은 용사
의 아버지가 술에 빠져 있는 장면이 있었
다. 아버지가 가지고 있던 술 용기가 가요
이돗쿠리다. 아버지는 술이 떨어지자 가

요이돗쿠리를 가지고 사카야에 갔는데 주인공의 등장에 놀라 한 개를 떨
어뜨려 깨뜨려 버렸으니 아마 사카야에서 타박 꽤나 받았을 것이다.

시대가 변해 내가 어릴 적인 1970년대. 이 시절 사카야에 가면 아침이
나 낮이나 카운터 앞에 선 채로 유리컵에 든 술을 마시는 어른들을 종종
볼 수 있었다. 내 고향인 기타큐슈시는 제철소를 비롯해 일본을 대표하
는 공업 지대로 24시간 공장이 가동되었다. 근로자들은 3교대제로 일하
므로 8시간마다 일을 마친 근로자들이 공장에서 나와 근처 사카야에서
'나에게 주는 상'을 준 뒤 귀가하는 것이다.

기타큐슈에서는 이러한 음주 문화를 '가쿠우치'라고 한다. 어원에는 여
러 설이 있지만 옛날에는 술을 계량하는 도구로 목제 되를 썼기 때문에
사카야에서 사각형 되로 직접 술을 마시던 것이 기원이지 않을까 하는
것이 내 생각이다. 한국 편의점에서는 컵라면을 산 뒤 가게 안에서 뜨거
운 물을 넣어 먹을 수 있는 점포가 있는데 음식점이 아니라 판매점 안에
서 먹고 마시는 이미지가 좀 닮았다.

에도 시대에도 술을 판매하면서 가게 안에서 술을 마시게 하는 사카
야는 있었다. 하지만 술이란 한 잔 마시면 두 잔, 석 잔을 마시고 싶은 법

이고 서서 마시기보다는 의자에 앉아 편하게 마시고 싶은 법이며 안주나 요리와 함께 마시고 싶어지기 마련이다. 사람들은 가게 안에서 술을 마시는 것을 '이자케居酒'라고 부르게 되었다. 지금의 이자카야 중에는 카운터 앞에 서서 술을 마시는 '다치노미立ち飲み' 가게도 있는데 이것을 가쿠우치와 혼동하는 일본인이 많다. 원래 가쿠우치는 술을 판매하는 사카야 안에서 술을 마시는 것으로 지금은 일본 국내에서도 일부 지역에만 남아 있다.

사카야 측에서도 이자케가 매출에 도움이 된다면 먹을 수 있는 공간이나 주방을 포함해 이자케 중심의 점포를 설계하게 된다. 이렇게 사카야가 경영하는 음식점으로 등장한 것이 '이자카야'이다. 기존의 음식점은 '요리가 중심이고 술도 주문할 수 있다'라면 이자카야는 '술이 중심이고 요리도 주문할 수 있다'라는 게 본래의 차이점이다. 하지만 지금은 주류판매점을 겸한 이자카야는 거의 없다. 음식점 중에서 요리를 중시하는지 술을 중시하는지에 따른 점포 설계의 차이에 불과하다.

독자분 중에는 내 어릴 적 이야기를 읽고 '어렸을 때부터 사카야에 갔

다니'라며 놀라는 사람이 있을지도 모른다. 내가 어렸을 때 근처 사카야는 어른에게는 술과 담배, 어린이에게는 과자나 아이스크림 그리고 기본적인 조미료나 일용잡화도 판매했다. 서양에서는 미성년자가 주류 판매점에 들어가는 것이 금지되어 있어서 설명하기 어려운데 한국에서는 '구멍가게'라는 한마디로 어린 시절의 추억까지 공감을 얻을 수 있어 기쁘다. 내 고향에서는 동네 사카야가 구멍가게였다.

동네 사카야는 대부분 편의점이 되어버렸다. 하지만 일본 편의점을 주의 깊게 관찰하면 대형 편의점의 획일적인 점포보다도 주류 판매 코너가 잘 마련된 곳이 있다. 분명 동네 사카야가 대형 편의점의 가맹점이 되어 살아남은 것일 테지. 단, 편의점의 취식 코너에서는 음주가 금지되어 있으므로 허가 받지 않은 가쿠우치 체험은 삼가기 바란다.

❹ 사케를 도쿠리로 주문하는 일본인, 병으로 주문하는 한국인

일본어 번역 → p.203

한국에 와서 불편한 점 중 하나가 일본 요릿집에서 사케를 병으로 주문해야만 한다는 점이다. 나는 사케를 맛보는 걸 좋아하지만 알코올에는 약해서 혼자서는 도저히 사케 한 병720㎖을 비울 수 없다.

일본에서 사케를 주문할 때는 한 홉180㎖ 단위로 주문하는 것이 일반적이다. 메뉴를 살펴보면 사케 상품명과 한 홉의 가격이 적혀 있다. 전통적으로는 한 홉 도쿠리목이 좁은 도자기 술병로 나오는 일이 많은데 가게에 따라 가타쿠치한쪽에 주둥이가 있는 도자기 또는 유리 그릇나 대나무 통에 나오는 일도 있다.

사케는 오초코소주잔 정도 크기의 도자기 또는 유리잔로 마시는 게 일반적이다. 여러 명이 마시면서 사케를 주문하면 종업원이 "오초코는 몇 개 필요한가요?"라고 묻는다. 요즘은 모두가 사케를 마신다고는 할 수 없기 때문에 필요한 개수의 오초코를 가져오는 것이다. '사람 수만큼 가져오면 될 텐데'라고 생각할 때도 있지만 뭐, 불필

요한 설거지를 늘리지 않는 편이 종업원
도 편하고 친환경적이겠지.

이러한 사케 제공 방식이 한국
에서 일반적이지 않은 이유를 몇
가지 생각해 봤다. 이 중에 정답이 있을까?

1 주기가 없어서?

사케를 한 홉 단위로 제공하면 도쿠리나 가타쿠치 등의 주기가 필요하
다. 해외에서는 주기를 조달하는 데도 시간과 비용이 들며 종업원 입장
에서도 사케를 병에서 주기에 따르기 위한 작업, 주기를 씻기 위한 작업
등이 늘어나게 된다. 병으로 제공하면 종업원은 병과 오초코를 내기만
하면 되니까 간편하다. 합리적이지만 손님 입장에서는 좀 허전하다.

한국에서는 한 홉을 고집하지 않고 90㎖나 120㎖ 분량의 잔으로 팔았
으면 좋겠다. 그렇게 하면 사케 병은 네 홉 짜리 병720㎖이므로 90㎖면 8
잔, 120㎖면 6잔의 사케를 제공할 수 있으며 전용 주기도 필요 없다.

얼마 전, 와인을 지참할 수 있는 레스토랑에 사케를 가져갔더니 "사케
지참에는 서비스가 어렵습니다."라는 말을 들었다. 이유는 사케를 제공
할 주기가 없어서라고 한다. 나는 "화이트 와인처럼 취급하면 됩니다."라
고 말하고 화이트 와인용 잔을 받아서 한국인 지인과 함께 사케를 즐겼
다. 사케 전용 주기나 오초코가 없어도 사케는 즐길 수 있다.

2 와인 문화의 영향?

서양 요리 레스토랑에서 와인 메뉴를 보면 저렴한 와인은 잔 단위로
주문할 수 있는데 고급 와인은 병 단위로 주문하는 게 일반적이다. 와인

은 마개를 따면 단시간에 풍미가 떨어지므로 고급 와인을 잔으로 팔면 남은 술을 못 쓰게 될 위험이 있기 때문이다. 같은 발상에서 사케도 잔 단위로 판매하는 걸 꺼리는 경향이 있는 걸까?

하지만 사케는 와인처럼 폴리페놀이 들어 있지 않아 단시간에 산화되지 않으며 냉장고에 보관하면 마개를 따도 며칠 동안은 문제없이 즐길 수 있다. 당일에 한 병을 모두 판매하지 않아도 되므로 사케도 잔으로 팔면 좋겠다.

3 경제적인 큰 병이 없어서?

일본의 주류 판매점에 가면 와인 병750㎖과 거의 같은 크기의 네 홉짜리 병720㎖ 외에 한 되짜리 큰 병1,800㎖을 많이 볼 수 있다. 일본의 음식점이나 주점에서는 사케를 홉 단위로 판매한다는 전제로 큰 병의 사케를 조달하는 일이 많다. 큰 병이 더 경제적이다.

하지만 한국에서는 일반적으로 사케를 병 단위로 팔기 때문에 큰 병은 그다지 수입하지 않아 선택지가 적다. 일본의 영업용 냉장고는 큰 병 수납을 전제로 설계하는데 한국에서는 수납도 불편할 것이다.

다양한 종류의 사케가 큰 병으로 수입되면 홉 단위로 제공하는 편이 경제적이므로 홉 단위로 제공하는 가게도 늘어날 것이다. 하지만 홉 단위로 제공하는 가게가 늘어나지 않으면 다양한 종류의 사케가 큰 병으로 수입되는 일은 없을 것이다. 이른바 '닭이 먼저냐 달걀이 먼저냐'의 문제이다.

4 부정행위 방지?

일본과 한국의 음식점에서는 주기에 담겨 나온 사케가 정말 내가 주문한 종류의 사케인지 사실은 다른 저렴한 술인지 의문을 느낀 적이 없다. 하지만 전 세계에는 다양한 나라에 다양한 음식점이 있으며 다양한 종업원이 있어서 모두를 신뢰할 수는 없다. 병 단위로 주문해서 내 눈앞에서 마개를 따는 편이 안심된다. 오히려 그 대응이 세계 표준일지도 모른다.

물론 일본과 한국의 음식점이라도 부정행위를 하는 종업원이 없다는 보장은 없다. 앞으로 일본에서도 병 단위 판매가 일반적이 될지는 모르겠지만 그런 미래는 보고 싶지 않다. 나는 맛있는 사케를 조금씩, 여러 종류를 비교하며 마시는 것이 좋다.

❺ 사케 양조장을 방문해 보자

가 あ 일본어 번역 → p.207

일본을 여러 번 방문한 적이 있어 다른 외국인 관광객이 별로 가지 않는 신기한 곳을 적극적으로 방문하는 한국 사람이 많다. 그런 사람들에게는 꼭 사케 양조장을 방문하라고 추천하고 싶다. 양조장 시설을 견학하고 양조장 관계자와 이야기한 뒤 술을 시음하고 마음에 든 술을 선물로 산다. 직영 레스토랑에서 술과 향토 음식의 궁합을 체험할 수 있는 양조장도 있다. 잊을 수 없는 추억이 될 뿐 아니라 본인이 애착을 가지고 마실 수 있는 술과 만나게 되면 인생이 더욱 풍요로워진다.

단, 여행사나 일본인 지인의 도움 없이 외국인이 단독으로 양조장을 방문하는 것은 간단하지 않다. 견학이 불가능한 양조장도 많고 견학이 가능하더라도 외국어로 응대할 수 있는 양조장은 더욱 적다. 제대로 견학하고 정보를 얻기 위해서는 일정 수준 이상의 일본어 실력이 필요하다.

방문할 수 있는 양조장을 찾는 법(일본어 초급자용)

한국어로 방문 지역명과 '양조장 견학', '양조장 투어', '양조장 투어리즘'을 검색하면 견학 가능한 양조장 정보를 한국어로 얻을 수 있다. 특히 대형 양조장 중에는 예약 없이 방문할 수 있는 견학 코스를 갖춘 곳이 많다. 설령 일본어를 할 줄 몰라도 자유롭게 견학하고 마지막에 매점에서 쇼핑할 수 있다.

내가 아는 곳 중에서는 고베神戸의 기쿠마사무네菊正宗와 후쿠주福寿, 교토京都의 겟케이칸月桂冠 등이 한국어 웹사이트에서 견학 안내 정보를 얻을 수 있고 예약 없이 견학할 수 있는 곳이다. 한국어를 포함한 다언어로 게시물이나 동영상, 팸플릿을 마련해 둔 양조장도 많다.

방문할 수 있는 양조장을 찾는 법(일본어 중·상급자용)

일본에는 47개의 모든 도도부현에 사케 양조장이 있다. 가고시마에는 2곳, 오키나와에는 1곳밖에 없지만 쇼추와 아와모리 증류장도 있으므로 모든 도도부현에 주조 조합이 있다. 우선 자신이 방문할 지역의 주조 조합 웹사이트에서 정보 찾기를 권한다.

예를 들어 당신이 도쿄에 간다면 일본어로 '東京都酒造組合도쿄도 주조 조합'을 검색해 보자. 도쿄도 주조 조합의 웹사이트에는 영어 페이지도 있지만 우선은 일본어 페이지로 설명하겠다.

어떤 조합의 웹사이트에도 양조장 소개 페이지가 있다. 도쿄의 경우 9개의 양조장이 있

으며 간단한 설명과 양조장 웹사이트 URL을 소개하고 있다. 이곳에서 견학할 수 있는 양조장의 정보를 게재한 조합도 있지만 여기서 각 양조장의 웹사이트로 이동해 각각의 사이트에서 견학 정보를 찾아야 할 경우도 있다.

도쿄의 조합은 훌륭하게도 5개국어로 양조장을 소개하는 전용 페이지를 만들었다. 한국어 페이지를 보면 견학이 불가능한 양조장도 많지만 '가센嘉泉' 양조장은 '견학 가능, 예약 필수8:00-17:00', '사와노이澤乃井' 양조장은 '견학 가능, 예약 필수, 1일 4회11·13·14·15시'라고 적혀 있다2022년 현재. 일본어를 할 수 있는 사람은 양조장에 직접 전화해 보아도 되는데 최신 정보는 역시 각 양조장의 사이트를 확인하는 게 좋다.

가센 양조장의 사이트를 확인해 보니 코로나19 사태를 거치면서 역시 지금은 견학 가능한 일시와 인원을 제한하고 있는 모양이다. 웹사이트는 영어 페이지도 있지만 최신 정보는 일본어 페이지에만 나와 있다. 아쉽게도 대부분의 양조장에는 영어를 자유자재로 구사할 수 있는 직원이 없다. 기본 정보는 영어 페이지를 만들었지만 그날그날의 최신 정보는 일본어로만 올리는 곳이 많다.

한편 사와노이 양조장의 웹사이트에는 영어 페이지가 있으며 웹상에서 견학 예약까지 할 수 있다. 이것은 외국인에게 기쁜 일이다. 단, 견학할 때의 설명은 일본어로 진행하는 모양이니 현장에서 누군가 한 명은 일본어를 할 줄 알아야 한다. 다른 지역에 대해서도 같은 순서로 정보를 찾아보기 바란다.

양조장을 방문할 때의 주의사항

대형 양조장에서는 일 년 내내 술을 빚지만 소형 양조장에서는 겨울이 양조 기간이다. 견학하는 입장에서는 양조 기간에 견학하는 게 즐겁겠지만 양조장 입장에서는 양조 기간일 때, 특히 12월에서 1월까지는 바쁘므로 견학을 받지 않는 것이 일반적이다. 양조 기간이 아닌 편이 예약하기 쉽고 담당자도 시간을 들여 정성껏 안내해 줄 것이다. 술 빚는 모습을 볼 수 없다며 불평하지 않기를 바란다.

대형 양조장에서는 견학용 코스를 갖추고 있지만 소형 양조장에서는 작업 현장에 출입하는 것이므로 안전을 위해 담당자의 지시에 따라야 한다. 또한 양조 기간 중이라면 방문 당일에는 낫토나 요구르트를 먹지 말라고 요구하기도 한다. 이것은 낫토균이나 유산균이 양조장에 들어가게 되면 누룩균이나 효모균의 번식에 악영향을 미칠 가능성이 있기 때문이다. 그 경우에는 김치도 피하는 편이 좋다.

무료 견학인 양조장도 많은데 특히 소형 양조장의 경우 견학비 대신 견학을 마친 뒤 그 양조장의 제품을 구입하는 게 예의일 것이다. 몇 병을 사면 될지 몇 엔 정도 구입하면 될지에 대한 이야기가 아니라 말이 통하지 않아도 감사와 만족하는 마음을 전달하면 그것으로 족하다는 말이다.

❻ 자가 양조 금지가 해제된 한국, 금지된 상태의 일본

일본어 번역 → p.210

서울 시내 백화점 지하에서 막걸리 파우더를 팔고 있었다. 쌀가루를 비롯한 막걸리의 원재료가 분말 형태로 혼합되어 있다. 이 분말을 물과 섞으면 이틀이면 막걸리가 된다고 한다. '이 제품이 재밌어 보이고, 일본에 선물로 막걸리를 사가는 것보다 편리할 것 같아. 그리고 액체가 아니어서 여행 가방에 넣어도 새지 않고, 기내에도 반입할 수 있고 무엇보다 가볍다.'라고 생각했지만, 유감스럽게도 이 제품은 일본에서는 쓰지 못한다.

일본에서는 집에서 개인적으로 술을 빚는 자가 양조自家釀造는 금지되어 있다. 한국에서도 예전에는 금지되어 있었지만 1995년에 해제되었다. 지금은 맥주나 막걸리를 자가 양조하는 키트가 판매되고 있어 손쉽게 집에서 술을 빚을 수 있다. 이 사실은 일본에는 거의 알려지지 않았다.

지난해 말 일본으로 일시 귀국했을 때 한국의 최신 막걸리 사정에 관한 세미나를 진행했다. 그때 교재로 한국에서 가져온 막걸리 파우더를 보여주었더니 큰 관심을 받았다. 파우더 상태에서는 쌀가루를 주성분으로 하는 식품으로 일본에 반

입해도 불법은 아니지만 물을 섞어 발효시키면 일본에서는 주세법 위반이 되므로 어디까지나 전시용이다. 세미나 참가자들은 모두 집에서 직접 막걸리를 빚을 수 있는 한국이 부러웠던 모양이다. 그런데 애초에 왜 일본에서는 자가 양조가 금지된 것일까?

일본에서 자가 양조가 금지된 이유

19세기 후반 메이지유신 이후 일본 정부는 산업과 사회의 근대화를 위해 많은 세금을 거둬들일 필요가 있었다. 그러나 출범한지 얼마 안된 정부는 전 국민의 소득을 파악해 소득세를 징수할 능력이 없었다. 전 국민의 상거래를 파악해 부가가치세를 징수할 능력도 없었다. 그래서 당시 정부가 할 수 있는 편리한 방법 중 하나가 술에 대한 과세였다. 양조장을 검사해 제조량에 따른 세금을 징수하면 되므로 전 국민을 대상으로 하는 것보다 손이 덜 간다. 술에 대한 세금은 2배, 4배로 높아졌다.

당연히 전국의 양조장은 증세 때마다 크게 반대했다. 증세 때마다 술값을 올리면 자가 양조가 성행해 술집에서 술을 사는 사람이 없어지고 양조장이 도산한다. 그래서 정부는 양조장의 이해와 협조를 얻기 위해 세금을 올릴 때마다 자가 양조에 대한 규제를 강화했다. 그리고 세금이 당초의 12배로 인상되었을 때 자가 양조는 전면 금지되었다.

그 후 세금은 당초의 20배가 되어 국가 세수 중 주세가 3분의 1을 넘게 되었다. 일본의 근대화는 전국의 술꾼들이 뒷받침했다고 말하는 사람도 있을 정도이다. 그러나 근대화의 그늘에서 일본의 각 지방, 각 가정의 독자적인 레시피에 의한 술빚기를 볼 수 없게 된 것은 유감스러운 일이다.

한국에서도 금지된 자가 양조

20세기 전반 한국에서도 같은 일이 일어났다. 근대화를 위해서는 세금 징수가 필요하고 세금 징수를 위해서 양조장에서 세금을 징수해야 했으며, 양조장의 이해와 협력을 얻기 위해 자가 양조 규제를 강화하였고 결국에는 금지하게 되었다. 한국의 주조업은 산업으로 발전했지만, 그로 인해 한국의 각 지방, 각 가정의 독자적인 레시피에 의한 술빚기를 볼 수 없게 된 것은 유감스러운 일이다.

그 후에는 한국에서도 일본에서도 밀주를 단속하는 관리와 가양주家

釀酒를 빚고 싶은 서민들의 투쟁의 시대가 되었다. 한국에서도 일본에서도 서민들이 관리들에게 저항했다. 일본 지바현千葉県과 가고시마현鹿児島県에서는 밀주 단속을 하던 세무관이 살해되는 사건도 발생했다.

나는 한국 전통주에 관한 책을 읽다 보면 '일제가 한국의 가양주 문화를 말살했다'는 듯한 표현을 접할 때가 있어 마음이 아프다. 그 표현을 쓴다면 일제는 한국보다 먼저 일본의 가양주 문화를 말살한 셈이다. 자가 양조 금지는 가양주 문화가 싫어서가 아니라 근대화를 위한 재원 확보가 목적이었다. 일본인이 없어도 한국 정부는 근대화를 위해 같은 정책을 취했을 것이라 생각하지만, 그럼에도 일본인이 일본과 한국에서 자가 양조를 금지했다는 슬픈 역사는 바꿀 수 없다. 우리가 바꿀 수 있는 것은 지금을 살아가는 우리의 미래를 향한 정책이다.

자가 양조 금지가 해제된 한국

한국에서는 6·25 전쟁 후에도 계속 자가 양조가 금지되다가 1995년에 들어와서 해제되었다. 지금은 인터넷에서 레시피도 원재료도 도구도 구할 수 있고 가양주를 즐기는 사람들의 온라인 교류도 활발해졌다. 자가 양조 경험을 쌓은 뒤 막걸리 등 전통주 양조장을 설립하는 사람도 생겨나는 등 가양주와 전통주의 현대적 부흥이 진행되고 있다.

나는 15년 만에 다시 한국에 부임하여 막걸리를 비롯한 전통주의 다양화에 놀랐고 관심을 가지게 되었다. 내가 어느 벤처 양조장을 방문했을 때, 인재는 자사에서 육성하는지 타사에서 뽑아 오는지 젊은 사장에게 물었더니 "자가 양조 마니아가 모이는 인터넷 커뮤니티에는 취미가 깊어져 양조를 직업으로 삼고 싶어 하는 젊은이가 여럿 있어서 그중에서

채용하고 있다"고 했다. 이 사실은 일본에는 거의 알려지지 않았다.

자가 양조가 금지된 상태의 일본

자가 양조를 부활시킨 한국과 달리 일본에서는 아직도 자가 양조가 금지된 상태이다. 세수에서 주세가 차지하는 비중은 과거 30%를 넘었지만 지금은 2% 정도여서 재원 확보가 자가 양조 금지의 목적이 아니다. 한국이든 일본이든 저출산과 인력 부족이 불가피한 현재, 이제 자가 양조는 주조업계의 적이 아닐지도 모른다.

일본 술의 역사

❶ 세계 속 동아시아의 술

🈁 일본어 번역 → p.214

한국과 일본 두 나라만 보면 양국 간에는 차이점이 많다. 하지만 전 세계 나라들을 놓고 보면 한국과 일본 양국 간에는 공통점이 많다. 한국 술과 일본 술도 마찬가지다. 여기서는 세계의 술과 동아시아 술의 공통점과 차이점, 동아시아에서 한국 술과 일본 술의 공통점과 차이점을 살펴보면서 일본 술이 현재의 모습으로 발전하게 된 경위와 이유를 짚어본다.

(본 장은 원래 독립된 강연 원고로서 구상한 것으로, 제1장~제4장의 내용과 중복되는 부분도 있지만 시점을 바꾸어 다시 한번 일본의 술에 대해 생각해 주기를 바란다.)

술은 그 나라의 명함

인간은 술을 빚는 동물로 지구상 어디에 있든 주변에 있는 재료로 술을 빚었다. 포도가 수확되는 곳에서는 포도로 술와인을 빚었고, 보리가 수확되는 곳에서는 보리로 술맥주을 빚었다. 또, 꿀을 채취할 수 있는 곳에서는 꿀로 술^{미드}을 빚었고, 한 곳에 정착하지 않는 유목민들도 말젖으로 술^{마유주}을 빚었다. 그래서 외국인에게 자국의 술을 권하는 것은 '나는 지구상에 있는 이런 곳에서 왔다'는 명함을 건네는 것이기도 하다. 따뜻하고 습한 기후인 동아시에서는 쌀이 나기 때문에 동아시아 사람들은 쌀로 술을 빚었다. 하지만 동아시아 사람들에게 있어서 쌀로 술을 빚는다는 것은 쉬운 일이 아니었다.

술을 빚은 인간의 지혜

포도즙과 꿀에는 당분이 함유되어 있다. 말젖에도 유당이 들어 있다. 당분은 자연계에 존재하는 효모균이 번식하면 알코올과 탄산가스로 분해된다. 세균은 스스로를 위해 번식하는데, 그것을 인간이 먹었을 때 불행하면 부패된 것이고, 행복하면 발효된 것이다. 이유는 정확하게 알 수 없었겠지만 인간은 오랜 세월 동안 불행과 행복을 반복하면서 달콤한 액

체는 관리만 잘하면 인간을 행복하게 하는 액체가 된다는 사실을 깨달았다. 이것이 인간이 술을 빚게 된 이유이다.

보리에는 당분이 들어 있지 않지만 녹말이 들어 있다. 또 맥아에는 당화 효소가 함유되어 있어 보리에 들어 있는 전분을 당분으로 바꿀 수 있다. 아마도 보관하던 보리가 젖어 발아된 것을 우연히 먹게 된 사람이 달큰하다는 것을 깨달았을 것이다. 달다는 것은 물과 섞어 관리만 잘하면 술이 된다는 것을 의미한다. 이렇게 인간은 보리로도 술을 빚게 되었다. 그러나 쌀로 술을 빚게 된 것은 더 나중의 일이다.

쌀로 술을 빚은 동아시아의 지혜

일본 애니메이션 영화 '너의 이름은'에서 신사의 무녀로 있는 소녀가 '구치카미자케쌀을 씹어서 뱉은 후 발효시켜 만든 술'를 빚는 장면이 있었다. 쌀에는 당분이 포함되어 있지 않다. 전분이 들어 있기는 하지만 안타깝게도 맥아와는 달리 발아미의 당화 효소는 약하다. 그러나 다행히도 인간의 타액에는 당화 효소가 들어 있다. 쌀을 주식으로 먹는 사람들은 밥을 잘 씹다 보면 입안에서 달아진다는 사실을 발견했다. 달다는 것은 이를 잘

만 관리하면 술이 된다는 것을 의미한다. 이렇게 인간은 쌀로도 술을 빚게 되었다. 하지만 '구치카미자케'는 대량 생산이 불가능하기 때문에 종교 의식에 사용되는 정도였다. 동아시아 사람들이 다음으로 발견한 것은 곰팡이였다.

동아시아는 고온다습한 기후로 곰팡이가 피기 쉽다. 쌀에도 여러 종류의 곰팡이가 핀다. 대부분의 곰팡이는 인간에게 해롭지만 개중에는 인간에게 무해한 것도 있고, 쌀의 전분을 분해해 당분으로 바꾸는 것도 있다. 굶주린 나머지 곰팡이가 핀 밥을 먹고 탈이 난 사람이 몇 명이나 있었는지는 모르겠지만, 여러 시행착오 끝에 배탈이 나지 않고 쌀을 달게 만드는 곰팡이가 있다는 사실을 발견했다. 이렇게 동아시아 사람들은 안정적으로 쌀로 술을 빚을 수 있게 되었다. 그러나 동아시아에서도 지역별로 술을 빚는 방법에는 차이가 있었다.

❷ 동아시아 속 일본의 술

 일본어 번역 → p.217

한국술과 일본술의 차이점

동아시아 중에서도 중국이나 한국에서는 한랭한 기후인 북부에서는 보리가 많이 수확되고, 온난한 기후인 남부에서는 쌀이 많이 수확된다. 중국과 한국에서는 주조에 도움이 되는 곰팡이 배양 노하우가 북부에서 보리를 사용하면서 확립됐다. 밀을 으깨어 물에 반죽하여 벽돌 모양 혹은 원반 모양으로 성형하여 따뜻한 주조 전용 실내 공간에 보관하면 배양된 여러 종류의 곰팡이가 공기중에 퍼지면서 자연스럽게 번식한다. 한국에서는 이것을 누룩이라고 부른다. 누룩을 갈아 물과 쌀을 찐 것과 섞

으면 발효되어 술이 된다.

반면에 일본은 온난한 기후로 쌀이 많이 수확된다. 일본에서는 주조에 도움이 되는 곰팡이 배양 노하우가 쌀을 사용하면서 확립됐다. 쌀을 쪄서 실온까지 식힌 후 따뜻한 전용 실내 공간에서 배양된 특정 곰팡이 포자를 뿌려 번식시킨다. 일본에서는 이것을 '고지麴'라고 부른다. 쌀누룩과 물과 찐 쌀을 섞으면 발효되면서 술이 된다.

한국의 누룩과 일본의 고지누룩는 밀/쌀, 비가열/가열, 성형/알갱이 여부에 따라 배지培地를 만드는 방법이 크게 다르며 번식하는 미생물의 종류도 다르다. 따라서 완성된 술의 향과 맛도 다르다. 나는 '한국의 누룩에는 미생물 복잡성의 매력이 있고, 일본의 '고지누룩'에는 미생물 순수성의 매력이 있다'고 생각한다.

역사책에 나오는 일본의 술과 한국의 술

3세기 말 중국에서 쓰여진 '삼국지 위서 동이전' 왜인조, 일명 '위지 왜인전魏志倭人伝'에는 당시 일본에 대해 '사람들은 술을 좋아한다'는 기술이 있다. 장례식 때 사람들이 음복, 즉 술을 마신다는 기술도 있어 적어도 특별한 날에는 술을 마시는 관습이 있는, 다시 말하면 그러기에 충분한 양의 술을 빚고 있었음을 알 수 있다.

8세기 초 일본에서 쓰여진 '고사기古事記'에는 5세기 초에 백제로부터 건너온 백제인 수수허리須須許理가 술을 빚어 천황에게 바쳤고, 천황이 '수수허리가 빚은 향기로운 술에 나는 취해버렸네'라는 시를 지었다는 기술이 있다. 이 글귀 때문에 '백제인이 일본에 술을 전했다'고 이해하는 사람들도 있는데, 이미 일본에는 그 전부터 술이 존재했다. 한국에서는 당시 술을 빚을 때 한국식 누룩을 사용했고, 일본에서는 그 이후에도 술을 빚을 때 일본식 누룩을 사용했으므로 일본의 술 제조법이 백제식으로 바뀌었다는 흔적을 찾아볼 수 없는 것이다.

확실한 것은 '백제인이 일본에서 취하는 술을 빚었다'는 것이다. 내가 이해한 바로는 백제에서 건너온 사람들이 백제의 누룩을 들여와 일본에

서 백제식 술을 빚었고, 당시 일본 누룩보다 발효력이 강하고 알코올 도수가 높은 술을 빚었기 때문에 천황도 평소보다 취했을 것이라는 것이다. 그러나 일본에서는 한국식 누룩 만들기에 성공하지 못했고, 백제에서 들여온 누룩이 떨어지자 수수허리의 술 빚기도 끝이 났다. 당시 일본에서는 보리가 일반적인 재료가 아니었을 수도 있고, 보리 누룩에 번식하는 곰팡이가 일본 기후에 적합하지 않았을 수도 있다. 어쨌든 백제식 주조법은 일본에 널리 퍼지지 않았고, 발효가 잘 되어 '취하는 술'을 빚어 천황이 기뻐했다는 결과를 낸 수수허리의 이름만이 역사에 남았을 것으로 생각된다.

③ 일본의 술이
   맛있게 발전한 이유

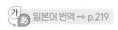 일본어 번역 → p.219

불교 사원에서의 주조 기술의 발달

9세기에 들어서면서 불교 사찰에서의 주조가 활발해졌다. '승방僧坊: 승려가 불상을 모시고 불도를 닦으며 교법을 펴는 집'에서 만든 술이라서 '승방주'라 불렸다. 불교의 승려들은 원칙적으로 금주를 해야 하지만, 당시 대사원은 최첨단 학술 기관이자 기술 개발 기관이었다. 대사원은 승방에서 있었던 시행착오의 결과들을 문자, 구전, 시연을 통해 전승하면서 꾸준히 주조 기술을 발달시켜 나갔다. 그리고 이것이 대사원의 수입원이 되어 더 큰 발전을 가져왔다. 서양 역사에도 트라피스트 맥주처럼 수도원에서 와인이나 맥주를 제조했다는 기록이 있다. 이와 같이 세계 각지에서 종교 기관은 주조 기술 발달에 중요한 역할을 해왔다.

승방주 중에서도 '남도제백南都諸白'이라는 술이 고급주로 이름이 알려지게 되었다. '남도'란 교토 이

남에 있는 '나라奈良' 지방을 의미한다. '제백'은 '주모酒母: 한국의 밑술'와
'모로미醪: 한국의 덧술' 양쪽 모두에 깨끗하게 정미한 백미를 사용한 술이
라는 뜻이다. 이는 나라奈良의 대사원에 귀한 쌀을 정미함으로써 맛있는
술을 빚을 수 있는 지식, 기술, 경제력이 있었음을 의미한다.

'니모토煮酛', 즉 여러 잡균이 자란 주모를 일단 가열하여 효모만 배양
하는 기술도 생겨났다. 현재 양조장에도 '고온당화주모'라고 하여 60℃에
서 쌀의 당화 발효를 촉진시키는 기술이 있으나, 65℃를 넘으면 효모가
죽어 알코올 발효에 실패한다. 이 밖에도 '자주煮酒', 즉 완성된 술을 가
열 살균하는 기술도 생겨났다. 자주를 할 때에는 65℃ 이상에서 가열해
야 하는데 78℃를 넘으면 알코올 성분이 사라져 버린다. 미생물의 존재
도 모르고 온도계도 없던 시절, 이러한 기술들은 문자만으로는 계승되기
어려웠을 것이다. 승방에서 구전과 시연을 통해 전승되었을 것이라 생각
된다.

이처럼 불교 사찰에서의 주조 기술의 계승과 발전이 에도江戸 시대에
들어서는 17세기까지 지속되면서 에도 시대에 주조업이 산업화되는 기반
이 되었다.

도정을 하면 맛있는 술을 빚을 수 있는 이유

독자들 중에는 왜 현미보다 백미로 술을 빚으면 더 맛있는 술이 되는
지 의문을 갖는 사람이 있을지도 모른다. 현미 표면의 갈색 부분에는 술
에는 불필요한 미네랄과 지질이 많이 들어 있어 이를 제거하지 않으면
불쾌한 냄새와 맛이 남는다. 현미를 나무막대로 찧으면 쌀 표면이 깎여
100g의 현미가 약 90g의 흰쌀이 된다. 밥으로 먹는다면 이 정도로도 맛
있고 에도 시대까지는 이 백미로 술을 빚었다.

백미의 주성분은 전분과 단백질이다. 전분이 알코올이 되고 단백질이 아미노산, 즉 맛 성분이 된다. 단백질은 표면 근처에 많이 들어 있기 때문에 더욱 정미를 계속하면 단백질 비율이 줄어든다. 즉 맛 성분이 적은 깔끔한 맛의 술을 빚을 수 있다. 물론 극단적으로 정미하여 맛 성분이 너무 적으면 싱거운 술이 되므로 주의가 필요하다. 그러나 그러한 정미가 생기게 된 것은 인간이 전력을 이용하게 되면서부터의 이야기이다.

왜 맛있는 술은 겨울에 빚는가

일본의 많은 양조장에서는 늦가을에서 초봄이 주조 기간이다. 전통적인 양조장이라고 하면 많은 일본인들은 겨울에 양조장에 살면서 술을 빚던 노동자들이 봄이 되면 고향으로 돌아와 벼농사를 짓는 광경을 연상한다. 얼핏 보면 합리적인 노동 시스템이다. 그러나 양조장의 관점에서 생각하면 겨울에만 계절 노동자에 의존하지 말고 연중 노동자를 고용해 일년 내내 술을 빚는 것이 더 합리적이지 않을까 하는 생각이 드는 사람이 있을 것이다.

불교 사찰에서 승방주가 빚어질 때는 연중 술을 빚었다. 그러나 여름에는 맛있는 술을 빚기 어렵다는 것이 알려지게 되었고, 에도 시대에 주조업이 산업화될 무렵에는 추운 시기의 주조가 일반화 되었다. 왜 맛있는 술은 겨울에 빚는가? 여기에는 크게 두 가지 목적이 있다.

첫 번째 목적은 잡균 증식 억제다. 따뜻한 환경에서는 공기 중의 다양한 잡균이 증식한다. 효모 증식보다 잡균 증식이 빠르면 술덧이 썩어 술 빚기는 실패로 끝난다. 온도가 낮을수록 잡균은 증식하기 어렵다. 효모도 세균이긴 하지만 비교적 저온에 강하기 때문에 효모가 증식할 수 있고 잡균은 증식하기 어려운 아슬아슬한 온도를 유지함으로써 최종적으로 탱크 안에서 효모가 충분히 증식할 수 있고 맛있는 술을 빚을 수 있다.

두 번째 목적은 발효 속도 조절이다. 양조장에서는 쌀의 전분을 누룩균을 사용해 당으로 바꾸고, 당을 효모균을 사용해 알코올로 바꾼다. 즉 당화 발효와 알코올 발효라는 두 가지 다른 성격의 발효가 탱크19세기까지는 나무통 안에서 동시에 진행된다. 이 두 종류의 발효는 속도가 맞아야 제대로 진행된다. 당화 발효가 너무 늦으면 당분 공급이 늦어져 효모균이 활동할 수 없다. 반면 당화 발효가 너무 빨리 진행되면 당분이 너무 진어져 효모균이 번식할 수 없다. 따라서 작업 중에는 두 종류의 발효 속도를 좌우하는 온도 조절을 매우 섬세하게 해야 하는 것이다.

두 목적 모두 섬세한 온도 조절이 매우 중요하다. 전기도 냉장고도 없던 옛날, 온도가 낮을 때 탱크를 데울 수는 있어도 온도가 높을 때 식히기는 어려웠다. 따라서 기온이나 수온이 충분히 낮은 겨울이어야 섬세한 온도 조절이 가능하며, 그것은 맛있는 술을 빚어내는 것과 직결되었다. 즉, 맛있는 술을 빚기 위해서는 여름보다 겨울이 유리하고 따뜻한 지역보다 추운 지역이 겨울이 길기 때문에 술을 빚기에 유리한 것이다.

❹ 일본의 술이 산업으로 발전한 이유

 일본어 번역 → p.223

주조가 산업으로서 발전한 에도 시대

17세기에 이르러 도쿠가와 이에야스가 에도현재의 도쿄에 막부를 열어 도시 개발을 추진한 결과, 에도의 인구는 18세기에 100만 명을 넘어 런던이나 파리보다 많아졌고 당시 세계 최대의 도시로 발전했다. 도시가 급격하게 확대되면서 토목·건설을 비롯해 다양한 분야의 노동자들이 에도로 몰려들었다. 또 전국 각지에서 수많은 무사들이 에도로 단신 부임했다. 그 결과 에도는 성인 남성 인구 비율이 높은 도시가 되었다. 즉, 주조의 중심지였던 나라, 교토, 오사카 등의 서일본으로부터 멀리 떨어진 동일본 지역에 술 대량소비 지역이 출현한 것이다.

채소는 에도 근교에서도 재배할 수 있었지만 맛있는 술을 빚으려면 지식과 기술, 경제력이 필요했기 때문에 기존의 유명 산지에서 제조된 술이 에도로 수출되기 시작했다. 유명 산지에서는 종전의 수요에 더해 에도 수출이라는 거대한 수요가 생겨남에 따라 생산 규모를 더욱 확대하게 되었다. 이렇게 에도 시대에 주조가 산업으로 발전한 것이다.

나다(고베)의 술이 유명해진 이유

에도 시대 일본에는 철도는 물론 고속도로도 없었을 뿐만 아니라, 에도 막부는 방어 목적으로 몇몇 강에 다리를 놓지 않아 나룻배만이 유일한 교통수단이었기 때문에 나무통에 담은 술을 마차로 운반할 때 강을 건널 때마다 옮겨 실어야 했다. 대량의 술을 에도로 수송하기 위해서는 배가 필요했다. 더구나 태평양이라는 바다를 통해 대량의 술을 수송하기 위해서는 대형 선박이 필요했기에 주조업과 함께 해운업도 중요했다. 나라와 교토에도 강은 있지만 큰 배로 에도까지 술을 수송하려면 바다에 접해 있는 오사카가 유리했다. 에도 시대에는 주조 산업이 오사카보다 '나다'라는 지역현재의 고베시 및 니시노미야시에서 크게 발전했다. 여기에는 바다와 접해 있어 에도로 수출하기 편리하다는 것 이외에도 여러 가지 이유가 있었다.

고베를 방문한 사람들은 알겠지만 이 지역은 바다 바로 근처까지 산이 들어서 있다. 평지가 적은 반면, 강 물살이 급류여서 다른 지역에서는 사람이 발로 밟아서 하는 정미 작업을 물레방아로 할 수 있었기 때문에 많은 양의 쌀을 경제적으로 도정할 수 있었다. 또한 산 속에는 농촌 지역이

있어 여름에는 양질의 쌀이 자라고 겨울에는 적설량이 많아 농사를 지을 수 없어 농민들이 양조장에 겨우내 일하는 계절 근로자로 일을 하러 오기 때문에 쌀과 노동력을 확보하는 데 있어서도 유리했다.

　이 지역은 서일본에 위치하고 있어서 비교적 따뜻하지만 겨울이 되면 롯코오로시六甲おろし라는 강한 북풍이 불어 추운 날이 길게 이어진다. 이 역시 이 지역이 술의 명산지가 된 이유 중 하나이다.

　지하수 수질이 주조에 적합하다는 점도 나다 지역의 술이 유명해진 이유 중 하나였다. 이 물을 발견하게 된 일화가 있다. 이 지역에 동서 두 곳에 양조장을 소유하고 있던 주인은 해마다 동쪽 양조장에서 맛있는 술이 빚어지는 것이 신기했다. 어느 해 주인은 두 양조장의 장인들을 맞바꿨는데 그런데도 역시 동쪽 양조장에서 맛있는 술이 빚어졌다. 그 이듬해 주인은 두 곳의 양조장에 있는 도구들을 모두 맞바꿨는데 역시나 동쪽 양조장에서 맛있는 술이 나왔다. 그 다음 해에 주인은 두 양조장의 우물물을 바꿔보았다. 매일 나무통에 물을 채워 마차로 동쪽과 서쪽의 양조장을 오가는 모습을 보고 사람들은 웃었는데, 그 결과 처음으로 서쪽 양조장에서 맛있는 술이 빚어졌다. 맛있는 술의 비밀이 우물물에 있음을 알게 되면서 이 지역에 있는 다른 양조장들도 이 구역의 우물물을 사용하게 되었고, '나다'라는 지역 전체가 술의 명산지로 유명해졌다. 지금도 이 곳에는 일본을 대표하는 양조장이 집중되어 있다.

　일본의 물은 일반적으로 미네랄 함유량이 적은 연수이지만, 이 구역의 지하수는 적당히 미네랄이 섞인 중경수이다. 미네랄에도 여러 종류가 있는데 어느 정도의 칼륨이나 인은 효모의 영양분이 되는 반면에 망간이나 철분은 술의 색깔과 맛을 해친다. 이 구역의 지하수가 술 제조에 이상적인 미네랄로 구성되어 있다는 것은 메이지明治 시대 이후 실시된 과학적인 수질 검사를 통해 밝혀졌다.

한국 할아버지들이 청주를 '정종'이라고 부르는 이유

'나다'의 술을 유명하게 만든 우물물로 제조한 양조장에서 나온 술의 상품명은 '마사무네'였다. 공식 설명에 따르면 불교 경전인 '임제정종臨済正宗'이 어원이라고 한다. 그러나 이 '마사무네正宗'라는 상품명은 '정종일본어 발음 '세이슈우''과 '청주일본어 발음 '세이슈'' 두 단어의 말장난에서 시작되었다는 설이 있는데 나도 그렇게 생각한다. 일본 불교 사찰은 비교적 음주에 관용적이지만 공식적으로 사찰 내에서는 금주가 원칙이다. 내가 에도 시대 승려였다면 제자에게 "오늘밤은 세이슈우正宗를 배워봅시다"라고 말하고 제자는 "알겠습니다"라고 대답하며 "마사무네正宗"를 가져다주었을 것이다. 그랬다면 불교에서 쫓겨났을까?

아무튼 '마사무네'라는 술이 유명해졌고, 에도 시대에는 상표법이 없었던지라 일본 각지에서 'ㅇㅇ마사무네'라는 이름의 술이 빚어지게 되었다. 메이지 시대에 이르러 상표법이 제정된 후 나다의 양조장은 '마사무네'라는 이름으로 상표등록을 신청했으나 기각되고 말았다. 당시 이미 일본 각지에 'ㅇㅇ마사무네'라는 이름의 술이 여기저기 있었고, 이는 '맛있는 술'의 대명사로 일반화되어 이제와서 배타적인 사용을 인정할 수 없다는 이유에서였다. 나다의 양조장은 어쩔 수 없이 일본을 대표하는 꽃인 벚꽃의 이름을 따서 '사쿠라벚꽃마사무네'를 상표로 등록하여 현재에 이르고 있다.

20세기 전반 한국에서도 여러 지역에서 '○○마사무네正宗'이라는 이름의 청주가 빚어졌다. 그런 이유로 일본인들이 사라진 후에도 '정종正宗'이라는 이름이 남았을 것이라고 추정된다. 한국 청주와 일본 청주니혼슈를 구별한다는 관점에서 현재 한국인들이 일본 청주를 영어식으로 'SAKE'라고 부르는 것은 합리적이라고 생각한다. 단, 일본어로 '사케'는 한국어로는 '술', 즉 주류 전체를 가리키는 것이며, 일본인들은 SAKE를 '니혼슈'라고 부르므로 일본에서 주문할 때는 단어 사용에 조심해야 한다.

'구다리자케(下リ酒)'와 '구다라누 사케(下らぬ酒)'

에도 시대에는 나다나 오사카에서 에도로 술이 대량 수송되었다. 나무통에 채운 술을 다른 화물들과 함께 운반했는데, 다른 화물보다 무거우면서도 신선도 때문에 운반 속도 또한 중요하여 '다루가이센樽廻船'이라는 술통 운반 전용 대형 선박이 제조되었다. 실제 크기는 다양한데 '센고쿠부네千石船'라 불렸으며 1000석=10000말=10만되=100만합이므로 현재의 사합병720ml으로 치면 25만병 분량의 술을 운반할 수 있다는 계산이 나온다. 25만 병이라고 해도 에도 인구가 백만 명이라고 가정하면 4명당 1병꼴이므로 매일 운행해도 충분하지 않은 양이다.

옛날에는 교토가 일본의 중심이었고 지방에서 교토로 가는 것을 '노보루上る: 올라가다', 교토에서 지방으로 가는 것을 '구다루下る: 내려가다'라고 했다. 지금도 일본 열차 시간표는 도쿄를 기준으로 상행/하행이라고 부른다.

에도 시대에는 나다나 오사카에서 에도로 보내는 술은 '구다리자케하행 술'라고 불리며 귀하게 여겨졌다. 20세기에 국산 위스키보다 수입 위스키가 '외래품'으로 귀하게 여겨진 것과 비슷한 느낌이었달까. 에도 근교에서도 술을 제조하기는 했지만 산업으로 발전한 나다 지방의 품질에는 미치지 못했고 '구다라누 사케하찮은/시시한 술'라는 조롱을 받았다.

참고로 일본어로 '구다루'는 '내려가다/하행하다'라는 의미이며 '구다라누'는 '구다루'라는 동사의 부정형으로 '내려가지 않다/하행하지 않는다'라는 뜻으로 풀이될 수 있다. 이 밖에도 '구다라나이'라는 형용사 또한 존재하는데 이는 '하찮다/시시하다'라는 의미이다.

사케 관계자 중에는 이 '구다라누 사케하찮은/시시한 술'라는 말이 '구다라나이하찮다/시시하다'라는 말의 어원이라고 생각하는 사람들도 있지만, 나는 조금 다르다고 생각한다. 나다나 오사카에서 빚었지만 에도로 보내지 않는 술을 '구다라누 사케하행하지 않는 술'라고 부른다면 문법적으로 문제가 없지만, 에도 근교에서 빚어진 술을 '하행하지 않는 술'이라고 부르는 것은 문법적으로 이상하다. 이미 시시하다라는 의미로 '구다라누'라는 단어가 있었기 때문에, 아마도 에도 주변에서 빚어진 술이 맛이 없다는 사실을 비웃을 때 '구다리자케하행 술'라는 단어의 패러디 같은 느낌으로 '구다라누 사케'라고 부른 것이 아닐까라고 나는 생각한다.

한편 '구다라나이하찮다/시시하다'의 어원은 '구다라백제+나이없다'라고 해석하는 사람들도 있는데 나는 이것은 전혀 아니라고 생각한다. 부정을 나타내는 조동사 「~누」보다 「~나이」가 주류가 된 것은 메이지 시대 이후부터이다. 에도 시대까지는 '츠마라누시시하다'라는 뜻으로 '구다라누시시하다'라고는 했어도 '구다라나이'라고는 표현하지 않았다. 즉, '구다라나이'='구다라+나이'라는 설은 메이지 시대 이후 사람의 발상이라고 나는 생각한다.

⑤ 근대와 현대의 일본 술

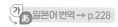

일본어 번역 → p.228

주세로 인한 근대화

1868년의 메이지유신 이후에 일본이 근대국가로서 체제를 정비할 당시, 가장 큰 걸림돌은 세수 확보였다. 세수가 없으면 산업이나 사회의 근대화도 도모할 수 없다. 당시 정부는 전 국민의 소득을 파악해 소득세를 징수할 능력도 없었고, 전 국민의 상거래를 파악해 소비세나 부가가치세를 징수할 수 있는 능력도 없었다. 가장 확실한 것이 토지에 대해 부과하는 직접세였고, 그 다음으로 확실한 것이 술 등 특정 상품에 대해 부과하는 간접세였다. 전국의 토지에 대한 지조 개정地租改正이 큰 어려움에 직면한 것처럼 주세를 꾸준히 징수하는 작업도 큰 난관에 봉착했다.

정부는 양조장에 생산량에 비례한 주세 납세를 요구했으나 정부가 주세 인상을 시도할 때마다 양조장들은 크게 반발했다. 왜냐하면 주세를 전가해 술 가격을 올리면 사람들은 술을 자가 양조하게 될 것이고, 그렇게 되면 양조장에서 만든 술이 팔리지 않기 때문이다. 특히 큰 문제는 여러 농가들이 술을 대량으로 공동 제조하거나 지주 등 부유층들이 대량의 술을 자가 양조해 판매하는 것이었는데, 주세를 인상할 경우 이를 제한해야 한다는 데 정부와 양조장의 이해관계가 일치했다.

1880년에 주세가 1석180L에 1엔에서 2엔으로 인상되면서 자가 양조주 생산량이 연간 1석180L 이하로 제한됐다. 이 경우 하루에 약 500ml 라는 계산이 되므로 일반 가정용으로는 그리 가혹한 제제는 아니었지만 부유층들은 대량의 술을 자가 양조할 수 없게 되었다. 그러나 정부가 추가적인 증세를 시도하자 다시 격렬한 반대 운동주세 인하, 자가 양조 제한 요구이 벌어졌다.

1882년 주세가 1석에 2엔에서 4엔으로 인상되면서 자가 양조주의 판매가 금지됐다. 이에 따라 술을 마시지 않는 가정에서 자가 양조한 술을 다른 사람에게 팔 수 없게 되었고, 실제로 술을 마시는 가정에서만 자가 양조가 지속되었다. 그러나 1894년 청일전쟁을 거치면서 국가 재정은 더욱 핍박해져 정부는 추가 세수가 필요해졌다.

1896년에 주세가 1석에 4엔에서 7엔으로 인상되면서 고액 납세자들의 자가 양조가 금지되었다. 정부도 서민득의 자가 양조를 적극 금지할 의도는 없었지만, 가까운 시일 내로 러일전쟁이 발발할 가능성이 높아지면서 양조장들의 반대 운동을 억제하고, 주세 증세에 대한 이해와 협조를 구하려면 이 시점에서 양조장들이 강력히 요구했던 자가 양조 금지에 응할 수밖에 없었던 것이다.

1899년이 되면서 주세는 1석에 7엔에서 12엔으로 인상되었고, 이와 동시에 자가 양조가 전면 금지되었다. 이 무렵 주세는 세수의 약 36%를 차지했으며 토지에 대한 세금과 거의 같은 액수가 되었는데, 바꿔 말하자면 토지와 술로 국가재정의 3분의 2를 지탱

한 것이다.

1904년 러일전쟁과 관련해 "일본이 이긴 것은 당시 애주가들이 술을 많이 마시고 세금을 많이 낸 덕분"이라고 농담하는 일본 애주가들도 있는데 사실 이는 농담인 것만은 아니다. 당시 일본의 예산은 이미 바닥을 드러내고 있었고 1905년에 다행히도 강화조약이 체결되었다.

일본은 한국보다 먼저 자가 양조를 금지했고, 그 결과 일본 각 지방이나 각 가정에서의 독자적인 레시피에 의한 자가 양조 문화는 막을 내렸다. 결코 정부가 가양주 문화를 미워했던 것은 아니지만, 결과적으로 근대화의 영향으로 자가 양조 문화가 단절된 것은 불행한 역사라 할 수 있다. 그 후에는 일본과 한국 모두 밀주 제조를 단속하는 관리들과 자가 양조주를 빚고 싶어하는 서민들 간의 투쟁의 시대가 펼쳐진다. 한국에서는 1995년 자가 양조가 해금되어 전통주의 현대적 부흥이 일어나고 있으나 일본에서는 지금2023년도 여전히 자가 양조가 금지된 상태이다.

쌀이 부족했던 전후의 사케

2차대전 이후 식량난을 겪고 있던 일본에서 쌀은 여전히 귀했지만 사케에 대한 수요는 계속해서 늘었다. 그래서 사케와 같은 도수를 물로 희석한 주정을 발효 마지막 단계에 대량으로 첨가해 감미료나 산미료, 아미노산 등으로 조미한 값싼 사케가 대량 생산됐다. 오직 쌀로만 만든 사케의 무려 3배나 되는 생산량을 얻을 수 있는, 즉 3배로 증량하여 양조하는 결과가 되므로 삼배 증양주, 줄여서 '삼증주산조슈'라고 불렸다. 그러나 이는 업계 용어일 뿐 제품 라벨에 삼증주라고 표기했던 것은 아니다.

한국에서는 6·25전쟁 이후 식량난 당시 쌀로 술을 빚는 것이 금지되었고, 그 결과 희석식 소주물로 희석한 주정을 감미료나 산미료나 아미노산 등으로 조미한 값싼 소주가 보급되었다. 인간은 주변에 있는 것든로 술을 빚는 동물이며, 일본과 한국의 전후 사정도 그러한 상황 중 하나일 뿐이었다.

고도 경제 성장기에 이르러 식량난이 해소되었지만 여전히 값싼 사케는 삼증주였다. 양조장 입장에서도 수익률이 높고 만들기만 하면 잘 팔리니 제조를 그만둘 이유가 없었다. 그 결과 우리 세대 일본인들은 사케에 대한 좋지 않은 추억을 가지고 있는 사람들이 많다. 대학생 때 처음 마신 사케는 이자카야 무제한 메뉴에 있는 삼증주였고, 사케는 숙취가 심한 술이라는 안 좋은 기억이 남아 있는 것이다. 시간이 한참 흐른 뒤에야 맛있는 사케를 접하게 되면서 감탄하고, 비로소 사케에 눈을 뜨게 된 사케 애호가는 비단 나뿐만이 아닐 것이다.

'특급주, 1급주'의 시대에서 '준마이슈, 긴죠슈'의 시대로

전후 일본에서 사케는 '특급주, 1급주, 2급주'로 등급별로 분류되었다. 제조 방법의 차이가 아닌 양조장에서 하는 상대평가지만 특급주와 1급주는 감사를 받고 인증을 받아야 했다. 인증 받지 못한 술, 감사를 받지 않은 술이 2급주이다. 기본적으로 삼증주는 2급주로 취급된다. 주세도 다르게 적용되는데 특급주는 한 되1.8L 당 약 1,000엔, 1급주는 약 500엔, 2급주는 약 200엔이었다.

그러나 점차 소비자들도 '싸고 좋은 것'을 찾게 되었고, 양조장 중에도 세금 때문에 맛있는 술을 일부러 비싸게 파는 것은 말도 안 된다고 생각해 품질이 좋은 사케이지만 의도적으로 감사를 받지 않고 2급주로 판매하는 양조장이 나타났다. 이러한 현상이 '지자케地酒, 지역주' 열풍과 맞물려 "지방에서 파는 2급주가 맛있다"고 소문이 나는 등 점차 등급 제도가 유명무실해져 갔다.

2006년에 주세법이 개정되면서 삼증주가 사케니혼슈로 인정받지 못하게 되면서 특급주, 1급주, 2급주라는 등급제도가 폐지되었고 '준마이슈, 긴죠슈' 등의 특정 명칭 제도가 도입되었다. 이는 우열을 가리는 것이 아닌 제조 방법에 따른 분류로 주세는 동일하게 적용된다.

주류 표시 기준이 객관화 되면서 사케에 정통한 사람들은 편해졌지만, '선물용이나 접대용으로는 특급주, 자신이 마실 반주용으로는 2급주'라는 식으로 사케를 선택하던 사람은 오히려 불편해졌을 수 있다. 단순히 '준마이다이긴죠슈純米大吟醸酒'가 최고의 사케라고 믿는 사람들도 많다. 사케의 표시나 분류 방식은 앞으로도 시대의 변화와 함께 바뀔지도 모른다.

나가며: 일본 술을 안다는 것은 일본에 대해 안다는 것

앞에서 언급한 것처럼 자국의 술은 내 나라의 명함이나 마찬가지이다. 나로 말하자면, 일본 술에 대해 논하는 것은 일본에 대해 말하는 것이기도 하고, 한국의 술을 안다는 것은 한국에 대해 안다는 것이기도 하다. 독자 여러분도 이 책을 통해 사케에 대해 깊이 알면 알수록 일본에 대해 새로이 아는 기회, 더욱 알고 싶어지는 기회가 되었기를 바란다.

일본어 번역

第1章 日本の酒の世界へ

❶「酒」と「サケ」は違う

韓国語 → p.8

　日本語を勉強する外国人は、ひらがな、カタカナ、漢字という３種類の文字に苦労する。今から、漢字の「酒」とカタカナの「サケ」は意味が違うという話をするが、どうか日本語を嫌いにならないでほしい。

　本来「酒」は、酒類つまりアルコール飲料全般を意味する言葉である。韓国語の「スル」に相当する。その中で「葡萄酒」と言えば葡萄で造った酒、「麦酒」と言えば麦で造った酒である。中国には「米酒」という名前の、米で造った焼酎に似た酒がある。

　しかし、日本では古代より米を原料とするアルコール飲料が一般的だったので、わざわざ「米酒」と言わなくても、単に「酒」と言えば米で造った酒、現代の日本人が「日本酒」と呼ぶ酒を指す。つまり日本語の「酒」には「アルコール飲料」という意味と「日本酒」という二つの意味がある。

　日本人が「酒を飲みに行こう」とあなたを誘って居酒屋に行って日本酒ではなくビールを注文しても、驚かないでほしい。この場合の「酒」はアルコール飲料という意味である。

　江戸時代には「日本酒」という言葉はなかった。当時は鎖国されていたため、わざわざ「日本」と呼ぶ必要はなく「酒」で十分であった。明治時代になって西洋からウイスキーやブランデーなどが輸入されるようにな

ると、日本人はこれらの西洋の酒を「洋酒」と呼ぶようになり、従来の「酒」は、洋酒と区別する意味で次第に「日本酒」とも呼ぶようになった。

　明治時代に日本を訪問した西洋人は、日本人が飲んでいる伝統的なアルコール飲料に関心を抱いたに違いない。しかし、その時点ではまだ「日本酒」という呼び方は普及していない。

　西洋人「あなたは何を飲んでいますか？」
　日本人「私は酒を飲んでいます。」
　西洋人「おお、その飲料はsakeというのですね！」

　・・・という会話があったかどうかは分からないが、西洋人は、日本の酒を「sake」と呼ぶようになった。「sake」には「アルコール飲料全般」という意味はない。

　最近、日本酒を愛飲する西洋人が増え、西洋人が「sake」について語る記事も増えたが、これを日本語に翻訳する際に「酒」と訳してしまうと、「アルコール飲料全般」の意味なのか「日本酒」の意味なのか紛らわしい。西洋人が西洋で「sake」を造ったという記事を訳す際に「日本酒」と表記するのも変である。^{注1)}　そこで、西洋人が語る「sake」は日本語では

注1）　日本の法令では「日本産米のみを使用し日本国内で製造された清酒」だけを「日本
　　　酒」と表示してよいことになっている。

「サケ」とカタカナで表記することが多くなった。日本語では外来語をカタカナ表記することが多い。日本酒がサケとして逆輸入された格好である。

　韓国では、麹の種類など製法に違いはあるが、米で造った独自の伝統酒がある。したがって、明治時代以降に韓国人が接するようになった、日本の製法で造った米の酒を、韓国の伝統酒と区別してどう呼ぶか、韓国人は苦労しているように見える。おじいさん世代の韓国人は日本酒の有名ブランドが一般名詞化した「正宗」と呼んでいた。最近の韓国人は、韓米ＦＴＡを契機に米国産のsakeの輸入が増えたこともあり、韓国でも西洋風に「サケ」と呼ばれている。

　中国では日本酒のことを「日本清酒」と呼んでいる。中国で「日本酒」と言うと「日本の酒」つまり日本産酒類という意味になってしまい、日本産のウイスキーやワインやビールも含まれる。日本語における「洋酒」のイメージに似ている。

　日本酒が好きな外国人が日本人に対して英語で「I love sake」と言えば、日本酒の美味しい店に案内してもらえるだろう。しかし日本語で「私はサケが好きです」と言っても、日本人には「私は酒が好きです」と聞こえるので、単なるのんべえと思われるだろう。日本語では「日本酒」と言う方が確実である。

❷ 酒の世界で「甘い」の反対は？

韓国語 → p.12

　日本語の「甘い」は韓国語では「タルダ」、「辛い」は「メプタ」。韓国語の初級の授業でそう習った。韓国には辛い料理が多いので、外国人はメプタという単語を覚えなければ韓国で生き残ることができない。

　日本語で「甘口」は「口当たりが甘い」飲食物を意味する。「辛口」は「口当たりが辛い」飲食物を意味する。甘いもタルダも糖分が多いという意味であり、日韓間の違いはないが、日本語の辛いにはメプタ以外の意味もある。

　韓国語では唐辛子やわさびや辛子が多いと「メプタ」、塩や醬油や味噌が多いと「チャダ」だが、日本語ではどちらも「辛い」である。意識的に区別すると後者を「塩辛い」という。「チャダ」に相当する「しょっぱい」という単語もあるが、これは「塩っぱい」がなまった東日本の方言で、九州出身の私は自分から使ったことはない。私にとって、唐辛子であろうと塩であろうと、舌への刺激が強いものは「辛い」である。台所で砂糖と塩がペアであるように、日本語で「甘い」と「辛い」はペアである。

　日本語にはアルコールが強い酒を味覚で表現する単語がないので、刺激が強いという意味で「辛い」という単語で表現している。英語にもアルコールが強い酒を味覚で表現する単語がないので「ドライ」という単語で表現している。消毒用アルコールを肌に塗ると乾燥した感じがすることの連想だろう。

　欧州の蒸留酒であるジンには、一回蒸留しただけでアルコール度数の低い「オランダ・ジン」と、何度も蒸留してアルコール度数の高い「ロンド

ン・ジン」があり、後者は「ドライ・ジン」とも呼ばれる。またジンを使ったカクテルに「マティーニ」があるが、ジンの割合が多いものを「ドライ・マティーニ」という。英語ではアルコール度数の高い酒をドライと表現している。

　さて、ここからが日本酒の話。まずは、酒蔵のタンクの中で日本酒が発酵しているところを想像してみよう。タンクの中にはマッコリのような白く濁った液体が入っている。その中では、米のデンプンが麹によって糖分になり、その糖分が酵母によってアルコールになる。発酵の中間段階であれば、まだ糖分が多くてアルコールが少なく、味見をすると甘い。そして、発酵の最終段階で味見をしたら、もう糖分は少なくてアルコールが多い。この味を昔の日本人は「甘い」の反対だから「辛い」と表現した。

　日本酒の「甘口」と「辛口」には二つの評価基準がある。一つ目は糖分。糖分が多いと甘口。糖分が少ないと、その反対なので辛口。二つ目の評価基準はアルコール。アルコールが多いと辛口。アルコールが少ないと、その反対なので甘口。既に気づいた読者もいると思うが、二つの評価基準があるので甘口と辛口の評価は難しい。二つの製品があり、アルコール度数が同じであれば、糖分が多い方が甘口、糖分が少ない方が辛口である。二つの製品があり、糖分が同じであれば、アルコール度数の高い方が辛口、低い方が甘口である。しかし、糖分もアルコール度数も異なる二つの製品があった場合、どちらが甘口でどちらが辛口かの評価は一概には言えない。

　更に話を複雑にして申し訳ないが、実は三つ目の評価基準もある。酸味である。糖分もアルコール度数も同じであれば、人は酸味の強い酒の方が

辛口に感じる。日本のビールに「スーパードライ」という製品があるが、他の製品に比べてアルコール度数が非常に高いという訳ではない。この製品は他の製品に比べて酸味が強いことも飲むと辛く感じる理由である。日本酒においても同様に、他の条件が同じであれば、酸味が強い方が辛口、酸味が弱いと、その反対で甘口である。

　日本酒の甘口と辛口の関係を整理すると次のとおりである。

甘口（sweet）：糖分が多い／アルコールが少ない／酸味が少ない
辛口（dry）：糖分が少ない／アルコールが多い／酸味が多い

　最後に、辛口の酒を韓国語で何と表現すればよいだろうか。私にとってはメプタは唐辛子のイメージしかないが、昔は催涙弾の刺激もメプタと表現していたので、アルコールの刺激もメプタで良いのかもしれない。他方で、韓国のソムリエは英語表現を輸入してドライだと表現することがある。知らない人が聞いたら「液体の酒が乾燥している？」と不思議に思うかもしれないが、実用的な表現だと思う。

❸ どんな味の日本酒がお好きですか？

 韓国語 → p.16

「近頃甘口の酒が多いとお嘆きのあなたに、辛口のキクマサを贈ります。」

「うまいものを食べるとキクマサが飲みたくなる。辛口のキクマサを飲むと、また、うまいものが食べたくなる。」

子どもの頃、ＴＶのＣＭで、菊正宗という日本酒の宣伝文句を何度も聞いた。子どもだから意味はよく分からなかったが、カレーライスを通じて甘口は子ども用、辛口は大人用と理解していた。したがって「辛口の酒」という言葉に「大人の世界」というイメージを強く感じた記憶が残っている。

実は、戦後の一時期、日本酒は大半が甘口であった。米が貴重だったので、酒蔵では日本酒を造る過程で醸造アルコールを大量に添加して甘味料で調味した。食糧事情が悪かったので人々は甘い味を求めていた。生産者も消費者も甘口の日本酒を支持したのである。

１９７０年代、伝統的、本格的な日本酒の復活を願う酒蔵があった。しかし消費者は甘口の酒に慣れている。他の酒蔵は甘口の酒を造っているので、甘口の酒を否定したり批判したりすると、日本酒の消費自体に悪影響を与えることになり、業界全体を敵に回す。知恵を絞った結果、この酒蔵は「近頃甘口の酒が多いとお嘆きのあなたに、辛口のキクマサを贈ります。」という宣伝文句を考え出した。甘口の酒が多いのは事実で、甘口の酒が悪いとも辛口の酒が良いとも言っていないのに、辛口の酒に良い印象を与えている。

折しも日本は高度経済成長期を経て、消費者も以前ほど甘い味を求めなくなった。辛口の日本酒は大人気となり、多くの酒蔵がそれに続いた。その結果、現在の日本酒は多くの製品が、当時の基準で言えば既に辛口である。そして、私より年配の世代の日本人は「辛口の日本酒」という言葉に今でも「本格的な日本酒」という良い印象を持っている。

　日本の居酒屋では、中高年の男性が「辛口の日本酒をくれ」と注文して店員を困らせることがよくある。メニューに沢山の日本酒があり、客が選択に困っているとき、店員が「どんな味の日本酒がお好きですか？」と尋ねると、多くの客は「辛口」と答える。私が観察する限り、このような客には３つのパターンがある。

　一つ目は、言葉通り「甘くない」日本酒を希望している客である。この場合、甘くない日本酒を勧めることはもちろんだが、酸味のある日本酒も甘味を感じさせにくい効果があるので選択肢になり得る。また、日本の本格焼酎は糖分ゼロなので「辛口の日本酒がお好きなお客様は糖分ゼロのこの本格焼酎をお飲みになることも多いです」と本格焼酎を候補に加えながら勧める選択肢もある。

　二つ目は、糖分とは関係なく「本格的な日本酒」を希望している客である。このタイプの客に、単に甘くない日本酒を出すと「水みたいな酒だ」と満足しないことがある。こういう場合、醸造アルコールを全く添加していない純米酒を出すと喜ばれることが多い。純米酒、特に伝統的な製法で造られた製品は、味成分が多くアルコール分もやや高めな製品が多い。

　三つ目は、酒を飲むのは好きだが知識や情報には関心が薄い客である。日本酒の味を表現する言葉に詳しくないので、店員に尋ねられると、ＴＶ

で覚えた「辛口」という単語を出すしかない。こういう場合、さすがに甘口の日本酒を出す訳にはいかないが、客の自尊心は尊重しながら「典型的な辛口の酒ではありませんが、これは如何でしょうか」とこの客に飲んで欲しい酒を提案することも重要である。なぜお勧めなのかきちんと理由を説明すると、それを飲んで喜んでくれることが多い。

　お客様の中には日本酒を飲んだことがない人もいれば、楽しく飲めれば知識はどうでもよいという人もいれば、知識が豊富な日本酒マニアもいる。きき酒師は、お客様が言葉に出来ないでいる要望を察知して、それぞれのお客様が満足できる日本酒の選択をお手伝いする「日本酒とお客様の仲人」である。したがって、きき酒師になるには、酒を一口飲んで製品名を当てる天才的能力は必要ないが、教科書の内容を覚えて資格証をとっても、それは出発点にすぎない。

　では客の立場としては、自分の飲みたい酒をどう店員に伝えればよいだろうか。私のお勧めは、自分が飲んで美味しいと思った時にはスマホでラベルを撮影しておくことである。時々、自分が飲んだすべての酒の写真を撮影している人を見かけるが、そうではなく、自分が気に入った酒のみを撮影するのがコツである。

　訪問した店に自分が飲んだことがある好きな酒がない場合には、店員にスマホの写真を見せて「このような酒を飲んで美味しいと思った」と説明すれば、味覚表現は必要ない。その店にきき酒師がいれば確実に、いなくてもプロの店員であれば、写真を見てあなたの好みの傾向を理解し、その店の日本酒の中から、一番あなたが喜んでくれそうな製品を紹介してくれるだろう。

❹ 何が日本酒の味を決めるのか

韓国語 → p.21

　日本には１５００以上の酒蔵があり、様々な味の日本酒が造られている。日本酒の原料は、水、米、麹菌、酵母菌の４つだけなのに、どうして様々な味の日本酒になるのだろうか。

　（日本酒の中には醸造アルコールや糖類や酸味料を添加する製品もあるが、ここでは、水、米、麹菌、酵母菌の４つの原料のみで造られる純米酒の話をする。）

日本酒の味を決める成分

　日本酒の約８０％は水である。約１５％はアルコールである。残りの約５％が米のエキスである。日本酒の瓶が７２０ｍｌの場合、その５％といえば３６ｍｌ、エスプレッソ１杯分程度の分量の米のエキスが、１本の日本酒の味を決めている。

　米のエキスには、糖、有機酸、アミノ酸が含まれている。ブドウ糖、オリゴ糖などの糖は甘味の元である。クエン酸、リンゴ酸、乳酸、コハク酸などの有機酸は酸味の元であるが、同じ酸味でもレモンとリンゴとヨーグルトの酸味は異なるように、複数の有機酸の組み合わせで日本酒は複雑な風味になる。コハク酸は貝汁にも多く含まれており、酸味だけでなく旨味や苦味ももっている。

　アミノ酸には様々な種類があるが、日本酒の場合、旨味や酸味のあるグルタミン、甘味のあるアラニン、苦味のあるアルギニンの役割が大きい。筋トレをしてプロテインを飲んでいる人なら、ＢＣＡＡ（バリン、ロイシ

ン、イソロイシン）も知っているだろう。これらの必須アミノ酸も日本酒に含まれており、日本酒の味の一部となっている。韓国のソジュを飲むより日本酒を飲む方がブドウ糖とＢＣＡＡを補給できる利点があるが、もちろん運動前や運動中に飲酒してはいけない。

　運動中に飲んでよいスポーツ飲料も、アルコールこそ含まれていないが、主な成分は水と糖と有機酸とアミノ酸である。アルコール以外は日本酒に似ている。様々なスポーツ飲料の味が違うのは、糖と有機酸とアミノ酸の混合比率が異なるからである。同様に、日本酒の味が酒蔵によって異なるのも、糖と有機酸とアミノ酸の混合比率が異なるからである。なお、ソジュやスポーツ飲料には人工甘味料が添加されている製品が多いが、日本酒には人工甘味料の添加は認められていない。

日本酒の味を決める水

　日本酒の８０％は水だからといって、日本酒を飲んで水の味の違いが分かる人はいないと思う。水が重要な理由は、水自体の味ではなく、水に微量に含まれるカリウム、マグネシウムなどのミネラルが酵母の栄養になるからである。

　「伏見（京都）の女酒、灘（神戸）の男酒」という昔の言葉がある。現代では男女の固定観念を比喩に使うのは避けるべきだが、昔の人が言いたかったのは「伏見の日本酒は柔らかい味、灘の日本酒は力強い味である」ということである。酵母が活発に活動すると糖をアルコールに変え、タンパク質をアミノ酸に変える。ミネラルの少ない伏見の水で酒を造ると、発酵が緩やかなので、糖が残りアルコールは十分に出来ず、アミノ酸も少な

いので味も薄い。一方、ミネラルの多い灘の水で酒を造ると、発酵が活発なので、糖が残らずアルコールが多く、アミノ酸が多いので味も濃い。但し、ミネラルは多ければ良いという訳ではない。また、鉄やマンガンなど日本酒の品質を落とすミネラル[注2]を含む水は日本酒造りには適さない。このように、日本酒造りに水の選択は重要である。

日本酒の味を決める米

米の主成分はデンプンとタンパク質である。デンプンは糖になりアルコールになる。タンパク質はアミノ酸になって様々な味を生み出す。デンプンとタンパク質の比率、タンパク質の詳細な成分は、米の品種により異なる。ご飯として食べて美味しい米にはタンパク質が多く含まれるが、飲んで美味しい日本酒を造るためには、タンパク質が多いとアミノ酸が多くなりすぎて飲みにくくなる。そのため、食用米とは別の品種の米が使われることが多い。

米の表面近く（玄米の茶色い部分）にはミネラルや脂肪も多いが、これらは精米の過程で大部分が除去される。デンプンは米の中心部に多いので、米を長時間精米して米粒を小さくすると、タンパク質も少なくなるので、よりアミノ酸の少ない、きれいな味の日本酒を造ることができる。酒

注2）　鉄やマンガンは通常「必須ミネラル」としてそれぞれ「貧血の予防」「骨の代謝を良くする」などの効果があるが、醸造用水に鉄が混ざると日本酒が褐色化して香味も悪くなり、マンガンが混ざると日本酒が紫外線により劣化するのが早まるため「品質を落とす」とされている。

蔵では、造りたい日本酒の味に応じて、どの品種の米を使い、どの程度精米するかを選択する。

日本酒の味を決める麹菌と酵母菌

日本酒を造るとき、米のデンプンは麹菌によって糖になり、その糖は酵母菌によってアルコールになる。同時に、米のタンパク質は麹菌や酵母菌によって様々なアミノ酸になる。

麹菌にも様々な種類がある。醤油や大豆を造る際に使われる麹菌は、大豆のタンパク質を分解してアミノ酸を作る能力に優れたものが選抜されている。日本酒を造る際に使われる麹菌は、米のデンプンを分解して糖を作る能力に優れたものが選抜されている。

酵母菌にも様々な種類がある。パンを造る際に使われる酵母菌は、糖を分解する際に炭酸ガスを作りパン生地を膨らませる能力に優れたものが選抜されている。日本酒を造る際に使われる酵母菌は、糖を分解する際にアルコールを作る能力に優れたものが選抜されている。麹菌や酵母菌の選択により、作られるアミノ酸の内訳も異なり、様々な味になる。

誰が日本酒の味を決めるのか

ここでは何が日本酒の味を決めるのかという話をしたが、実際に日本酒の味を決める原材料を調達して日本酒を造るのは人である。酒蔵では毎年、どんな味の日本酒を造るかレシピの設計を行い詳細な酒造計画を立てて日本酒を造る。最終的には酒蔵の杜氏（醸造責任者）と蔵人（職人達）の腕前が日本酒の味を決めるのは言うまでもない。

❺ ワインマニア vs サケマニア？

韓国語 → p.26

　世界の酒の中でもワインと日本酒（サケ）には共通点が多い。材料こそブドウとコメで違うが、どちらもアルコール分が10％台の醸造酒（蒸留していない酒）で、食事をしながら飲まれることが多い。原料となる作物へのこだわり、地形や気候の影響、伝統と改革、造り手の努力、ラベルに記された複雑な情報の読み方、その酒を提供する人（ソムリエ/きき酒師など）の役割、料理との相性など、ワインと日本酒には共通の話題が多い。ワインに詳しい人は日本酒に対する理解も早い。

　共通点で盛り上がるのも楽しいし、違いについて議論するのも楽しい。しかし、双方の違いについて「どちらが優れているか」という議論になると疲れる。ワインマニアの中には、たまに、ワイン中心の色眼鏡で日本酒を見る人がいて、対応に苦労することがある。

　あるワインマニアから酒の席で「東北地方の酒蔵が兵庫県産の山田錦（最高級の酒米として有名）を使っているが、これが一流の酒蔵と言えるのか？」という批判的な質問を受けたことがある。一流のワイナリーはブドウ畑の中に醸造所があって現地産のブドウを使っている、と言いたいのであろう。ワインより日本酒が劣っているかのような質問をされると、私も強い口調で反論したくなる。

　「おや、ワインは可哀想な飲み物ですねえ。美味しいワインは美味しいブドウ畑の中でしか造れないんですか？　美味しいブドウが穫れない場所では美味しいワインは造れないんですか？」

・・・いや、私にはワインを批判する意図はないのだ。ワインを否定的に語るのではなく、ワインも肯定的に語りつつ、日本酒をもっと肯定的に語りたいのだ。私は深呼吸をして、手元の日本酒を一口飲んだ。

　世界の酒の材料の中でもブドウは完璧である。ブドウの実の中には水分と糖分があり、皮には酵母が付着しているので、酒を造る原料は全て揃っている。高品質のブドウ畑があれば、そこで高品質のワインを造ることができる。

　ただしブドウには完璧な故の悩みもある。水分と糖分があるということは、そこは酵母のみならず空気中の様々なカビや細菌にとっても天国である。ブドウの実を収穫した瞬間から雑菌の繁殖が始まるので、収穫したらすぐにワインに加工しなければならない。時間をかけると酵母が雑菌に負けて腐ってしまう。腐らなくても雑菌が繁殖すると風味が落ちるし、糖分が雑菌に食べられた分だけアルコールの生産量が減ってしまう。したがって、高品質のブドウが穫れる場所でワイナリーを造ることが高品質のワインを造るためには重要である。

　一方、コメは水分が少なく糖分はほとんどない。したがって比較的長期の保管が可能であり、長距離の移動も可能である。日本各地にある一流の酒蔵が、コメの名産地から一流の酒米を購入して、一流の日本酒を造ることが可能である。

　・・・手元の日本酒を一口飲みながら頭の中で考えを整理した私は、にっこり微笑んで、次のように返事した。

　「ブドウは果物だから新鮮なうちにワインにした方が美味しいし、ブドウの産地でワインを造れば産地の味（テロワール）を表現できるのがいい

よね。」

　「コメは穀物だから保存がきくので、コメの産地で日本酒を造ることもできるし、遠く離れた名産地のコメを取り寄せて日本酒を造ることもできるんだよ。」

　「日本酒の酒蔵の中にも、ワインと同じようにテロワールを大切にして『酒蔵の周辺地域で穫れたコメしか使いません』と宣言している酒蔵もあるよ。」

　「その一方で、『最高のコメで最高の日本酒を造りたい』という情熱から、名産地の酒米を取り寄せて日本酒を造る酒蔵もあるよ。」

　「多くの酒蔵では、一部の製品は名産地の酒米を取り寄せて造り、一部の製品は周辺地域で穫れたコメを使って造っているよ。」

　「酒を造るにも２つの哲学があるけど、どちらが良いとか悪いとかいう話ではないよね。地元の原料を使うか、名産地の原料を使うか、双方を使い分けるか、各地域の酒蔵が自分の哲学に応じて自由に選択できるのがいいよね。」

　・・・あなたはどちらの日本酒を飲みたいですか？

❻ 日本酒の名産地

韓国語 → p.30

外国人に日本酒を勧めていると「日本酒の名産地はどこですか？」と尋ねられることが多い。実は答えるのが難しい。私が思い付いた答えは4つある。どれが正解だろうか。

1 兵庫 （生産量が日本一）

日本全体の日本酒生産量の２９％が兵庫で造られている（2021年）。第二位の京都が１６％、第三位の新潟が９％なので、この3地域で日本全体の半分以上を生産しているが、その中でも兵庫の存在感は圧倒的である。

酒蔵別の生産量は公式な統計がないが、調査会社によれば、売上高ベスト１０の中には兵庫の「白鶴」「大関」「日本盛」「菊正宗」が含まれるし、ベスト２０の中には兵庫の「白鹿」「剣菱」「白雪」「沢の鶴」も含まれる（2017年）。日本人なら誰でも聞いたことのある銘柄の大規模な酒蔵が兵庫の灘（神戸周辺）に集中している。

１６世紀までは京都が酒造業の中心地であったが、江戸時代になり、江戸（現在の東京）が大都市に発展してからは、江戸への船便輸送に便利な海沿いの灘が酒造業の中心地となった。その後、鉄道の時代、そして高速道路の時代になっても、灘の酒蔵は全国規模の日本酒製造を続けている。

2 新潟（酒蔵の数が日本一）

新潟には８９社の酒蔵がある。第２位が長野の７５社、第３位が兵庫の６８社である（2017年）。

新潟は米の生産量が日本一である。日本一長い信濃川が流れており下流には広い平野がある。雪が多く山からの雪解け水が豊富で水田に適した条件が揃っている。米が美味しく水が美味しい場所では日本酒も美味しい。

1980年代に日本で地酒ブームが起こった。京都や兵庫の大手の酒蔵ではなく地方の日本酒が注目されるようになった。その代表が「越乃寒梅」や「久保田」や「八海山」など韓国でも知られる新潟の地酒である。

韓国では「頑張れ父ちゃん」という日本酒が有名である。この酒は新潟の酒蔵がＯＥＭ生産し、大半が韓国に輸出されるので、日本ではほとんど知られていない。韓国に来た日本人は、見たこともない日本酒が広く知られているのを見て驚く。日本語では「頑張れ父ちゃん」だが、儒教の国韓国では父親を「父ちゃん」と呼ぶのは失礼なのか「頑張れお父さん」と呼ばれている。

新潟県は成人１人あたりの日本酒販売量も日本一である。日本全国の平均が年間4.0Lなのに対し、新潟は8.6L（2020年）。単純計算すると新潟県人は平均的日本人の２倍以上の酒飲みということになる。飲み手あっての名産地なのだろう。

3 福島県（金賞受賞数が日本一）

日本酒のコンテストの中でも最も歴史が古く規模が大きいものが全国新酒鑑評会である。競争ではなく品質向上が目的であり、専門家が試飲して

一定の水準に達していれば金賞を受賞できる。但し１つの酒蔵から１点しか出品できないので、酒蔵にとっては最高の製品を出品して金賞を受賞できるか否かに名誉がかかっている。

2021年度(2022年発表)は全国から205点が金賞を受賞した中で福島県からは17点が金賞を受賞し、９回連続日本一を達成した。酒蔵の数が第４位（５９社）の福島が９回連続日本一というのは驚きであり、優秀な酒蔵が多いことを実績で示したのである。

実は福島は1990年の金賞がゼロだった。衝撃を受けた関係者は日本酒専門の職業訓練学校を設置し、過去の経験に頼っていた酒造関係者に最新の醸造技術を紹介した。そして問題意識を共有した酒蔵関係者が研究会を組織し、互いに秘密だったノウハウや情報の交換を始めた。その結果、地域全体の酒造技術水準が向上し、2005年に金賞受賞数が日本一になり、2012年以降９回連続日本一を達成する日本酒王国となった。「飛露喜」「寫楽」「大七」「会津ほまれ」など世界各国の愛好家にも評価されている日本酒が多いが、残念ながら韓国ではほとんど知られていない。

震災以降、福島では、収穫した米と水を検査し、造った酒も検査して、安全であることを確認してから日本国内に出荷し、海外に輸出している。更に韓国では、被災地のみならず日本全域の日本酒を再検査している。もちろん、それでも感情的に飲みたくないという人には飲まない自由があるが、問題ないならあれこれ飲んでみたいと思う人に現在その自由がないのが悲しい。一定数の需要と支持がないと輸入がビジネスとして成立しないからである。名産地の酒を飲むことが被災地の経済復興を支援することになれば一石二鳥である。日韓に関係なく消費者の一人として自由な選択が

できる時代になってほしい。

4 日本中が名産地

　日本には４７の都道府県の全てに日本酒の酒蔵がある。地酒と呼ばれる各地方の日本酒は各地方の料理と合わせながら各地方の人々が育ててきた。どの地方の人にとっても自分の故郷が日本の名産地なのである。

第2章 日本酒の楽しみ方

❶高級な日本酒が美味しいとは限らない

韓国語 → p.36

　日本酒はコメをどの程度精米するかが風味にも価格にも大きく影響する。精米する前の玄米の重さを１００％とすると、我々がご飯として食べている白米は９０％程度。日本酒を造るためのコメは更に精米を続ける。スーパーなどで見られる紙パック入りの安価な日本酒でも７０％程度になるまで精米したコメを使うことが多い。６０％以下に精米したコメで造った日本酒は「吟醸」、５０％以下だと「大吟醸」と名乗ることができる。実際にそう名乗るためには他の諸条件も満たす必要があるが、今回は精米に着目して話を続けたい。

　日本酒のラベルには「精米歩合」という表示があるが、数字が小さいほど精米後の米粒も小さい。大吟醸酒に使われるコメは中心部のみを使っているのだから、単純計算でも原料費は玄米の２倍以上になる。精米にかかる燃料費や人件費も計算すると更に高価になる。原料費が高価になれば当然に日本酒も高価になる。

　ではなぜ精米すると風味が良くなるのか。まず味について言えば、コメの内部、特に中心部にはデンプンが多く含まれており、これが発酵してアルコールになる。コメにはタンパク質も含まれており、これが発酵してアミノ酸という味成分になる。アミノ酸はその内訳次第で旨味にも雑味にもなる。コメの表面近くは雑味になりやすく、これを精米して除去すること

で、旨味を感じられる日本酒になる。更に精米すると、味成分が少なくなり、きれいな味の日本酒になる。

　一方、コメが発酵して日本酒になる際には、メロンやバナナのような果実香が生まれる、コメの表面近くの様々な成分は様々な香り成分を生み出すので、普通は果実香が隠れてしまうが、よく精米してコメの中心部のみを使って日本酒を造ると、この果実香が感じられるようになる。この香りが、日本酒を飲まなかった若者やワインを飲む外国人にも日本酒愛好者を広げている。

　日本酒の品評会に出品する製品は３５％程度まで精米することが多い。獺祭の酒蔵は２３％（当時の市販酒では日本最小）まで精米した日本酒を一般販売して世間を驚かせて有名になった。

　ここから先は記録更新の競争になる。１０％以下の日本酒が発表された。アルコール度数ではなく精米歩合の話である。これは富裕層向けでもあるが、それ以上に、限界に挑戦したいという技術者の本能であろう。次々に数字は小さくなり、ついに１％の日本酒が発表された。ようやく競争が終わったと思ったら、ある酒蔵が０％（正確には0.85％だが小数点以下は表示しなくて良い）の日本酒を発表した。一般販売はされないが、もし韓国で販売されたら１本数百万ウォン以上になるだろう。

　私は７％まで精米した日本酒を飲んだことがある。その夜の食事代よりもお猪口一杯の日本酒の方が高額だったが、勉強のために授業料と思って払った。その味は・・・良く言えば「最高にきれい」だが悪く言えば「味が少ない」酒だった。雑味が一切ないが旨味も少なかった。

　日本酒は金額に比例して美味しくなる訳ではない。過度に精米すると雑

味もなくなるが旨味もなくなる。きれいな味の日本酒が好きな人には吟醸酒や大吟醸酒をお勧めするが、コメの旨味をしっかり味わいたい人には、むしろ余り精米していないコメで作った日本酒をお勧めしたい。原料費が安価で済む上、安価だから低品質なのではなく、むしろ旨味成分は多い。お得である。

　最近は精米競争の反動で「貴重なコメを半分以上精米するのはコメに対して失礼だ」と考える酒蔵もある。敢えて８０％や９０％という、少ししか精米しないコメで、旨味を引き出す挑戦をする酒蔵もある。日本酒の多様化は精米の分野でも進んでいる。日本酒のラベルを見たら精米歩合を見て欲しい。アルコール度数と間違えないように。

❷ 日本酒には流通期限はないが早く買って飲んだ方が美味しい

韓国語 → p.40

　韓国のスーパーで日本酒を見かけた。しかし、陳列されているのは、冷蔵ショーケースの中ではなく室温の棚である。製造年月を確認したら、複数の製品が２年以上経っていた。中には生酒（なまざけ：加熱処理していない日本酒）もあった。鮮度を強調する宣伝文句が書かれているのを見て、私は「酒が泣いている」と感じた。

　日本では生鮮食品には消費期限、一般食品には賞味期限の表示があり、韓国では流通期限の表示がある。しかし、日本でも韓国でも、日本酒（韓国では清酒）には期限表示はなく、製造年月表示だけである。なぜなら、腐らないからである。アルコール分が１５％近い日本酒の中では、食中毒の原因となる微生物は繁殖できない。

　酒蔵の衛生管理が未熟だった昔は、アルコールに強い乳酸菌が製造中に混入して異常繁殖し、酸っぱくなり、酒として楽しめなくなることはあった。昔の人は「酒が酢になる」と表現したが、酢酸菌が繁殖して酢になる訳ではなく、乳酸菌の仕業である。酒蔵の衛生管理が発達した現在では、消費者が購入時に微生物の心配をする必要はない。

　しかし、流通期限が設定されていなくても、日本酒は早く買って飲むことをお勧めする。日本酒の風味は時間とともに変化するからである。変化する理由は２つある。

　酒蔵では、コメに含まれているデンプンを麹菌により糖分に変え、その糖分を酵母によりアルコールに変える。糖分が少なくなるほど日本酒は甘

口から辛口になるが、辛口の酒の中にも若干の糖分が残留している。また、コメにはタンパク質も含まれており、これはアミノ酸に変化して日本酒の味を作る。この糖分とアミノ酸が、時間と共に変化する。

糖分とアミノ酸は結合すると茶色に変化する。トーストやヌルンジ（ご飯のお焦げ）のように、高熱を加えると急速に変化するが、室温でも、何年も経つと徐々に変化して、日本酒は中国の紹興酒のような茶色の液体になる。色だけでなく香りも味も変化する。このような熟成酒を好む人もいるが、2、3年では、新鮮感が失われるだけで、熟成感は足りず、中途半端だと感じる人が多いだろう。一般消費者には新鮮なうちに飲むことをお勧めする。

加熱処理していない生酒は更に急速に変化する。麹菌が作った酵素がまだ残っているからである。その酵素が、日本酒の中に微量に残っているデンプンを糖分に変えるだけなら辛口の酒が少し甘口になる程度で済むが、実際には様々な化学変化を起こし、香りや味を変化させる。不快な臭いを作ることも多い。生酒は冷蔵庫に入れ、早めに飲むことをお勧めする。スーパーで見かけた生酒は高度な濾過設備で酵素の大部分を除去しているため日本国内では常温流通されているが、それでも数ヶ月以内に消費することを酒蔵は推奨している。

日本酒、特に高級な日本酒は、生酒はもちろん、加熱処理したものであっても、冷蔵流通、冷蔵保管して早めに飲んだ方がよい。しかし、私が訪ねたスーパーでは生酒が常温陳列され、その一方で、温度では変化しないソジュ（韓国焼酎）が冷蔵ショーケースに入っていた。店員に理由を聞いたら「ソジュは買ってすぐ飲む人が多いので冷蔵ショーケースで冷やして

売っています」という返事だった。

　「いや、飲用温度と保管温度は別の話です。牛乳をホットミルクで飲む人も飲むまでは冷蔵庫で保管するでしょう。何ヶ月も陳列するのであれば日本酒は冷蔵ショーケースで陳列するべきです」と言おうと思ったが、断念した。この店員には製品の陳列場所を決める権限はないのだ。店員に一人一人説明しても、この問題は解決しない。

　日本の酒屋やスーパーでも高級品以外の日本酒は常温陳列されているが、これは、日本では日本酒がよく消費され、商品の回転がよく、在庫が滞留しないからである。最近はすべての棚を冷蔵ショーケースにしている日本酒専門店も多い。

　韓国でも新鮮な日本酒の美味しさを楽しむ消費者が増えると流通が変わるだろうか。流通が変わると新鮮な日本酒の美味しさを楽しむ消費者が増えるだろうか。鶏が先か卵が先か・・・この本を読んでもらうのが先か？

❸ 日本人もよく間違える日本酒の温度表現〜「冷や」と「冷酒」

韓国語 → p.44

日本酒は様々な温度で楽しめるという点で世界でも珍しい酒である。しかし、日本酒の温度表現については、最近は日本人でもほとんどの人が知らない。最近の日本人は様々な温度で日本酒を楽しんでいないからである。

コーヒーのメニューが「アイス」と「ホット」の二者択一であるように、日本酒のメニューも「冷や」と「熱燗」の二者択一であることが多いが、実は「冷や」も「熱燗」も間違った意味で使われていることが多い。

現代では一般家庭に冷蔵庫があるのが当たり前だが、日本の家庭で冷蔵庫の普及率が１０％を超えたのは１９６０年のことである。冷蔵庫がなかった昔は、日本酒は温めて飲むか、温めずに常温で飲むかの二者択一だった。温めて飲むのが「燗」、温めずに常温で飲むのが「冷や」である。ここでは「冷や」の話を掘り下げてみたい。

日本語で「冷やす」という動詞がある。現代では冷蔵庫で冷やしたり氷を入れて冷やしたりするイメージが普通だが、冷蔵庫のなかった昔、「冷やす」とは、熱い物を水で冷やすイメージが普通だった。

日本の中国料理店では夏に「冷やし中華」という料理を出すことがある。「冷やし」は「冷やす」の連体形であり、これは「冷やした中華麺料理」という意味である。中華麺は中国では温かい料理として使われるが、日本ではざるそば・ざるうどんのように、茹でた中華麺を水で冷やした独自の料理が生まれた。もちろん冷蔵庫が普及する以前の話であり、冷蔵庫

や氷で冷やした訳ではない。

　日本の飲食店で水のことを「お冷や」と呼ぶことがあるが、これは「冷やし」の短縮形「冷や」に丁寧語の「お」が付いたものである。この場合の「お冷や」は単に水という意味であり、最近は冷蔵庫や氷で冷やされた水が出されることが多いが、本来は冷蔵庫や氷のニュアンスはない。強いて言えば「お茶」のような温かい飲み物ではないというニュアンスがある。

　日本酒についても同様である。日本酒を温めずに常温で飲むことを「冷やで飲む」という。「冷やのままで飲む」「冷や酒を飲む」ともいう。これらに否定的なニュアンスがあることに気付いた読者は日本語上級者である。昔は、日本酒は温めて飲むことが一般的であり、温めずに飲むということは、貧乏で燃料が勿体ないか、温める時間を待てないほど酒に飢えているか、家族に飲酒を禁止されているのに隠れて飲んでいるか、いずれにせよ寂しく悲しいニュアンスがある。

　居酒屋にも一般家庭にも冷蔵庫が普及した現代では、冷蔵庫で冷やした日本酒を「冷酒」と呼ぶが、同じ冷の字を使うのでこれを「冷や」と混同している日本人が非常に多い。もし居酒屋の日本酒メニューに「冷や」と書いてあったら、別途「冷酒」がメニューにない限り、これは冷酒のことと思った方がよい。冷蔵庫で冷やされた日本酒が出てくるだろう。

　もしあなたが常温の日本酒を飲みたいのであれば、店員に「日本酒を冷やで」と注文するよりも「常温の日本酒がありますか」と尋ねた方がよい。注文した日本酒が出てきた後に「これは冷やではなく冷酒である、俺は冷やを注文したのに！」と怒っても、迷惑な客と思われるだけである。

❹ 日本人もよく間違える日本酒の温度表現〜「燗」と「熱燗」

あガ 韓国語 → p.47

　日本の居酒屋でメニューに「熱燗」と書かれた日本酒を注文したことがある。若い店員が運んできた持ってきた徳利を手にした私は「熱い！」と叫んだ。私にとっては非常識な熱さだったが、文句を言うのは我慢した。たぶん、この店員に文句を言っても「熱燗が熱くて何が悪いんですか？」という顔をして当惑するだけだろう。彼はマニュアル通りに働いているだけなのだ。

　温めた日本酒を「燗酒」という。日本酒を温めることを「燗をつける」という。「酒をお燗にする」ともいう。もともと「燗」という漢字は中国では「よく煮る」という意味だったが、日本では専ら日本酒を温める場合に使われている。日本酒の入った容器を直接火にかける場合もあるが、一般的には、日本酒の入った陶磁器や金属の容器を熱湯に漬けて間接的に温める。その方が繊細な温度調節が可能になるからである。

　私がここまで日本酒を「熱くする」ではなく「温める」と表現していることにお気づきだろうか。日本酒は熱くすると美味しくない。温めるのが美味しいのである。人間の舌が甘味や旨味を感じるのは４０℃前後と言われている。また苦味や渋味は４０℃を超えると感じ方が弱くなる。昔は精米技術が未発達で、昔の日本酒には苦味や渋味も多く含まれていたため、日本酒を４０℃台に温めて飲むことは科学的にも合理的である。

　温度計のなかった昔、日本人は燗酒の温度を様々な言葉で表現していた。全国共通のルールがあった訳ではないが、代表的な表現と温度の関係

は以下の通りである。

　　　３０℃：日向燗
　　　３５℃：人肌燗
　　　４０℃：ぬる燗
　　　４５℃：上燗
　　　５０℃：熱燗
　　　５５℃：飛び切り燗

　注目してほしいのは「熱燗」というのは様々な「燗」の中で「比較的熱め」の温度を意味し、決して「一番熱い」でも「非常に熱い」でもないことである。そもそも日本酒は６０℃以上にするとアルコールの刺激ばかり感じられて繊細な香りも味も感じにくくなる。酒は嗜好品なので熱いのが好きだという人がいれば止めないが、まずは「温めて」飲むことをお勧めする。

　おそらく「燗」という単語は日本人も余り使わないので、居酒屋のメニューでは分かり易く「熱燗」と表現しているのだろう。そこで大多数の人は「熱燗というのは熱いのだな」と誤解してしまう。燗酒にとって不幸な事に、日本でも韓国でもコーヒー文化が定着している。ホットコーヒーの温度は６０～７０℃、エクストラ・ホットと注文すると８０℃近いコーヒーを出す店もある。大きな居酒屋では、アルバイト店員でも扱えるよう、給湯器のような燗酒サーバーを置いているところもある。その温度設定が６０℃や７０℃になっていれば、店員に「熱すぎる」と文句を言っても仕

方ない。

　消費者の大半が「熱燗 ＝ ホット」と誤解しているのであれば、もし私が店員だったら、お客様に自信を持って５０℃の燗酒を出して「ちょっとこの熱燗ぬるいんだけど」と苦情を受けることになるのかもしれない。もし店員が手作業で日本酒の燗をつけている居酒屋であれば、私は、専門用語や数字は使わず「温泉の温度くらいに温めてください」とお願いするようにしている。

　外国人の中でも特にアメリカ人には「サケってホットで飲むものだろう？」と誤解している人が多い。昔は日系移民のために日本から船で日本酒を運んだために品質が劣化しており、熱くして誤魔化して飲んでいたのだという説があるが、日本国内でも冷蔵庫が普及する前は日本酒を燗で飲むことが一般的であり、おそらくアメリカ人には日系人が日本酒に燗をつけて飲む姿が衝撃的だったのではなかろうか。しかし、そのような説明をする前に、最初に説明するべきことがある。「ホット・サケではなくウォーム・サケだ！」

❺ 日本酒の選び方

 韓国語 → p.51

　最近は韓国でも様々な日本酒が選べるようになったのは嬉しい。しかし、デパートやスーパーの店頭でも、飲食店のメニューでも、日本酒の選択肢が多すぎて、何を選んでよいか困ってしまう人も多いだろう。私も韓国人の知人から「どうやって日本酒を選んだらよいですか？」と尋ねられることが多いが、日本酒を選ぶ方法は１つではない。

1 目で選ぶ（ラベルのデザイン）

　日本では「ジャケ買い」と言うが、これは本来、音楽レコード・ＣＤの店で、ジャケットのデザインが気に入った製品を衝動買いする時に使われた用語である。同様に、日本酒を選ぶ時にも、ラベルのデザインが気に入った製品を注文する人が日本でも多い。日本語や日本酒の知識が少ない外国人であればなおさらである。漢字で製品名を大書しただけのラベルでは外国人には読めないし、飲んで美味しくても覚えてもらえない。

　最近は「インスタ映え」も重要である。「私はいまこんな日本酒を飲んでいます」とＳＮＳに投稿して友達から「いいね」をもらうのは楽しい。そのためには、写真の見た目が良いものを注文するのが当然であろう。

　日本酒の中身に関係なくジャケ買いする人を軽蔑する人もいるが、私は、日本酒に詳しくない人には合理的な選び方だと思う。もし飲んで見て美味しければ次回にもまた選べるし、口に合わなければ次回から選ばなければよい。見た目で覚えられることは重要である。

　日本酒の中身が美味しいか否かとデザインが良いか否かは別の話であ

る。デザインで選ぶことは美味しさを放棄していることを意味しない。既に美味しい日本酒を造っている酒蔵にはデザインでも競い合ってほしい。

2 耳で選ぶ（評判）

ここで言う「耳」とは「評判」という意味である。選ぶための情報が少ない時に、詳しい人の評価を参考にするのは、決して恥ずかしいことではない。韓国ではまだ日本酒専門販売店は数えるほどしかないが、販売店でも飲食店でも、日本酒に詳しい店員がいれば、客の相談に乗って選ぶのを手伝ってくれる。

もちろん、周囲に日本酒に詳しい人がいたら、その人のお勧めを聞くのがよい。その際に「なぜそれがお勧めなのか」を問われて即答できる人のお勧めは信頼できる。即答できない人は単に「その製品の売り上げを伸ばしたいから」とか「その製品以外はよく知らないから」とかいう場合もあるので注意が必要である。

「あの雑誌に載っていたから」「あのＴＶ番組に出ていたから」という理由で選ぶ人も多い。日頃からその雑誌や番組を信頼しているのであれば良いと思う。インターネットメディアやＳＮＳの場合は更に玉石混淆なので、自分がそのメディアや発信者を日本酒以外の記事でも信頼しているか否かを考えた上で参考にしてほしい。

「何々コンクール金賞受賞」などの受賞歴が表示されている製品を好んで選ぶ人もいる。製品名を隠した状態で酒の専門家がテイスティングした結果の受賞なので、客観的な評価が高いと言える。但し、全ての酒蔵が全ての大会に出品している訳ではない。敢えて大会には出品しない、大会の

権威には頼らないという立場の酒蔵もある。審査も大会毎ごとに異なる基準で行われているので、受賞酒だからあなたの好みに合うとは限らないことに注意してほしい。

3 頭で選ぶ（ラベルの表示）

飲んだことのない製品の中から日本酒を選ぶ場合は、ラベルの表示が頼りになる。しかしラベルの表示は風味ではなく原料や製法に関する専門用語が大半なので、ある程度の知識がないと、この選び方は難しい。

勉強は苦手だが最低限の知識が欲しいという人には「純米」という用語と「吟醸」という用語の二つを説明することが多い。「純米」とは醸造アルコールを使わず米の発酵によるアルコールのみで造った日本酒であり、味の個性を重視した製品が多い。「吟醸」とは米粒の中心部のみを使って造った日本酒であり、香りの個性を重視した製品が多い。一定の条件を満たさないとこれらの用語をラベルに表示することができない。どちらか一つの用語を表示することのできる日本酒は全生産量の約20％、どちらも表示することのできる日本酒は全生産量の約16％である（2020年）。

しかし、これらの表示は製造方法を示すものであり、美味しい製品であることを保証する表示ではない。表示がない製品の中にも美味しいものは沢山ある。日本酒愛好家の中にはこれらの表示に固執する人もいるが、ラベル表示も広い意味ではジャケ買いと同じであると冷静に理解したほうがよい。

4 舌で選ぶ（過去の記憶）

店頭やメニューにある選択肢の中に、あなたが過去に飲んで美味しいと思った製品があれば迷わなくて済む。しかし、そのためには、飲んで美味しいと思った製品を覚えておく必要がある。

味覚を記憶するのは難しいので、

私は「較べ飲み」を勧めている。私自身、先週飲んだ酒と今飲んでいる酒のどちらが好きかと尋ねられても比較が難しいが、今飲んでいる２種類の酒のどちらが好きかと尋ねられると自信をもって答えられる。こうすれば舌の記憶ではなく脳の記憶として残る。飲食店で２本の酒を注文する場合は、１本を飲み終わってから次に何を注文するかを考えるのではなく、最初から同時に２種類の異なる酒を注文することをお勧めする。

一度に１本しか飲まないという人は、以前にも紹介したが、飲んで美味しいと思った酒のラベルを写真に撮っておくことをお勧めする。飲んだ酒を全部写真に撮る人が多いが、飲んで美味しいと思った酒だけを撮ることが重要である。それを続けると、自分の好みの傾向が分かってくる。日本酒に詳しい人に「私はこんな酒が好きです」と撮りためた写真を見せると、あなたの好みの傾向を理解して、あなたの好みに合った製品を選んでくれるだろう。

5 懐で選ぶ（価格）

買い物をする際に価格を気にするのは当然である。日本酒はワインほど製品の価格差が激しくないが、それでも安価な製品から高価な製品まで様々ある。同じ人でも状況によって、高価なものを選びたい時もあれば、安

価なものを選びたい時もあるだろう。

(1) 高価なものを選ぶ場合

仕事の接待で日本酒を活用する場合、あるいは大切な人にプレゼントする場合など、高価なものを選びたい時もあるだろう。高価な製品には、米粒の中心部のみを使った製造コストの高い製品、何年間も熟成させた管理コストの高い製品、需要と供給の関係で定価を超えるプレミア価格がついている製品などがある。

価格と美味しさは比例する訳ではない。あなたが大金持ちであれば何も考えずに一番高価な製品を選べばよいが、余りにも高価な製品については、なぜ高価なのか、他の製品と何が違うのか、店員に確認した上で納得して選んで欲しい。

(2) 安価なものを選ぶ場合

気軽に飲みたい場合、あるいは予算の制約がある場合など、安価なものを選びたい時もあるだろう。日本人の消費者には、一番安いものを注文するのは店員や周囲から貧乏な客だと思われるのが恥ずかしくて、2番目に安いものを注文する人が多いと言われているが、韓国の消費者はどうだろうか。

一番安いものでなくてもよいのであれば、「3. 頭で選ぶ（ラベルの表示）」で紹介した「純米」あるいは「吟醸」という用語を含む製品の中で一番安いものを選ぶという方法もある。価格と美味しさは比例しない。安価な酒を選ぶ時には掘り出し物を探す楽しさを感じる。

(3) 中間価格帯のものを選ぶ場合

　特に事情がなければ、中間価格帯のものを選ぶのは無難である。中間価格帯の製品は複数あるはずなので、他の選び方との組み合わせも可能である。たとえば、中間価格帯のものの中から、「1. 目で選ぶ」で紹介したように、ラベルのデザインが気に入ったものを選ぶのも楽しい。

6 心で選ぶ（愛着）

　私は自宅に来たお客様と一緒に日本酒を飲むときに「私の故郷の酒蔵」「私がはじめて見学した酒蔵」「地震や津波や火災や水害などで被災した酒蔵」など「愛着のある酒蔵の製品」「応援したい酒蔵の製品」を選ぶことが多い。

　日本に旅行に行ったり、留学や駐在の経験がある人は、思い出の場所の酒蔵の製品があったら是非選んでみてほしい。「飲んで美味しい」ことは大切だが、「愛着を感じる」ことも大切である。「愛着を感じる」は「飲んでおいしい」の構成要素の一つなのかもしれない。

　日本酒の選び方をいろいろ挙げてみたが、世の中には正しい選び方も間違った選び方もない。飲んでみて美味しかったら、それが正しい選び方だったということである。これは日本酒だけの話ではないかもしれないが・・・。飲むだけではなく選ぶ過程も楽しんでほしい。

第3章 日本酒以外の日本の酒

❶ 日本酒と焼酎の違い

ここでは、日本酒と日本の焼酎の違いを、難易度順に１０個挙げてみたい。あなたは幾つ知っているでしょうか？

1 原材料の違い（難易度★）

日本酒は米から造られる。米以外の穀物を使うと日本酒とは名乗れない。焼酎の原料は様々である。米、麦（大麦）、芋が有名である。その他、蕎麦、黒糖、酒粕、胡麻、栗など、５０種類以上の原料が知られている。

2 製造方法の違い（難易度★）

日本酒は米を発酵させた濁酒を搾って液体を分離したものであり、ワインなどと同じ醸造酒である。焼酎は搾るのではなく加熱して蒸発した液体を分離したものであり、ウイスキーなどと同じ蒸留酒である。

3 アルコール度数の違い（難易度★★）

日本酒のアルコールは１５％前後が一般的である。焼酎は２５％が一般的である。この違いが日本人の焼酎の飲み方に影響している。日本酒も焼酎も最近は様々な度数の製品があるのでラベルを確認してほしい。

4 飲み方の違い（難易度★★）

日本酒は昔は温めて飲むことが多かったが、最近は冷蔵庫で冷やしてそのまま飲むことが多い。焼酎は、昔はお湯割りで飲むことが多かったが、最近は水割りかソーダ割りかロックで飲むことが多い。

5 生産地の違い（難易度★★★）

日本酒の蔵は４７の都道府県の全てにあるが、南九州や沖縄には少ない。兵庫県、京都府、新潟県が生産量の上位を占める。焼酎の蔵は南九州に多い。宮崎県、鹿児島県、大分県が生産量の上位を占めている。

6 保管方法の違い（難易度★★★）

日本酒は長期保管しても腐敗はしないが、焼酎とは違い糖分とアミノ酸が含まれているため、次第に色も風味も変化する。変化が好きな人は別だが、冷暗所、できれば冷蔵庫に保管して、長期保管は避けてほしい。

7 香りの違い（難易度★★★★）

日本酒は、米や麹の香りがするのが一般的だが、最近は、酵母の選択などにより、果実香のする日本酒の人気が高まっている。日本の焼酎は、米、麦、芋など様々な原料に由来する香りを楽しむことができる。

8 味の違い（難易度★★★★）

日本酒は、糖分とアミノ酸が含まれており、甘味、酸味、旨味、苦味など様々な味が感じられる。焼酎には糖分もアミノ酸も含まれていないが、

人間は香りから味を連想するので原料の味を感じることがある。

9　熟成方法の違い（難易度★★★★★）

　日本酒の熟成では温度と時間が重要なので、大胆に変化させたい場合は常温で、穏やかに変化させたい場合は冷蔵で、タンクや瓶で熟成させる。焼酎の熟成では通気性も重要なので木樽や陶器の甕もよく使われる。

10　麹菌の違い（難易度★★★★★）

　日本の発酵食品では麹菌（コウジカビ）が活躍する。麹菌の中でも、日本酒、味噌、醤油には黄麹菌が使われるが、焼酎には、沖縄の泡盛と同じ黒麹菌、および黒麹が変異した白麹菌が使われる。

❷ 鹿児島では「酒」を頼むと焼酎が出てくる

韓国語 → p.64

　数年前、九州南端の鹿児島に行った際にラーメン屋に入った。メニューを見ると、「ビール」の次に「酒」と書かれている。店員に「おさけを一杯」と注文してみると、芋焼酎のお湯割りが入ったコップが出てきた。「鹿児島では酒と言えば焼酎を意味する」という話は本当だった。最近は日本酒と混同されないよう、メニューに「焼酎」と表記する店が増えたが、アルコール飲料はビールと焼酎しか置いていない店が多い。

　日本国内でも南九州では日本酒より焼酎の方が一般的である。沖縄の泡盛も焼酎の一種である。なぜ南九州・沖縄では日本酒でなく焼酎・泡盛なのか。そのヒントは「日本列島が南北に長い」ことにある。

　人間は世界中どこにいても、そこにあるもので酒を造る生き物である。西洋では、ブドウが穫れる場所ではワインを造り、麦が穫れる場所ではビールを造った。東洋では、米が穫れる場所では、米で酒を造った。

　ブドウの皮や種、麦の皮は美味しくないので、ワインやビールを造る際には、発酵後に液体と固体を分離する作業が必要である。それに対し、脱穀済みの米は丸ごと食べられるので、液体と固体を分離しない濁酒（韓国ではマッコリ、日本ではどぶろく）も美味しいし栄養も豊富である。丸ごと飲めるはずの濁酒から手間をかけて液体と固体を分離した清酒は贅沢な貴重品であった。

　濁酒を、固体の酒粕と液体の清酒に分離する方法は、重力を利用する方法である沈殿や、圧力を利用する方法である圧搾など様々あるが、その

後、熱によって蒸発する液体を分離する方法である蒸留が加わった。

　西洋では、ブドウからブランデーを造り、麦からウイスキーを造った。東洋では米から蒸留酒（韓国ではソジュ、南九州では焼酎、沖縄では泡盛）を造った。蒸留酒はアルコール度数が高くて少量で酔えるし、長期保存もできるが、技術と労力がかかるので貴重品であった。

　ではなぜ、南九州では焼酎が一般的になったのか。南九州では焼酎より日本酒の方が貴重だったのだ。日本酒は主に冬に造られる。高品質の日本酒を醸造するには発酵温度を繊細に調節する必要がある。冷蔵設備のない昔、温度が低い際に温めることはできても、温度が高い際に冷やすことはできなかった。したがって寒い冬の長い地域の方が日本酒醸造には有利である。

　南九州では真冬でも暖かい。発酵温度が高すぎると、雑菌が繁殖して失敗することが多く、美味しい日本酒は造れない。また、南九州には火山が多い。火山灰の土地ではサツマイモは育っても米は育てにくい。貴重な米で日本酒を造ろうとして失敗しても捨てる訳にはいかない。

　そこで役立つのが蒸留という技術である。サツマイモをアルコール発酵させてもそのままでは美味しく飲めないが、これを蒸留すればアルコールを取り出すことができる。こうして、南九州では焼酎、特に芋焼酎が一般的なアルコール飲料になった。

　沖縄の泡盛に関しても同様である。冬でも暖かく、平地が少なく台風が多いので米は貴重である。そこで昔から貿易相手であったタイの米で蒸留酒を造った。

　日本酒と焼酎には違いが多いが、多くの日本人が日本酒を好む中で南九

州の人だけが焼酎を好んだ訳ではない。誰も皆「酒」が飲みたかっただけなのだ。そこにあるもので酒を造った結果が、日本の多くの地域では日本酒と呼ばれる酒であり、南九州では焼酎と呼ばれる酒だったのだ。だから鹿児島では「酒」と言えば焼酎なのだ。

❸ 日本人は焼酎を水やお湯で割って飲む

　１９９３年、私が韓国で初めて酒場に行ったとき、韓国人が皆ソジュ（韓国焼酎）をストレートで飲んでいるのを見て衝撃を受けた。日本の焼酎の大半はアルコール分が２５％であり、当時の韓国のソジュも２５％だった。

　日本では大半の日本人が焼酎を水割りかお湯割りで飲む。私が２０代の頃は、年配の人はお湯割り、若い人は水割りで飲む人が多かった。焼酎をロックやストレートで飲む人は珍しく、むしろ「焼酎はウイスキーやウォッカじゃないんだから」と冷ややかな目で見る人もいた。

　日本の焼酎は、日本人の大半がそのまま飲まないほど濃い状態で売られている。これは、水で割ってもお湯で割っても楽しめるという意味では合理的である。日本酒の場合、冷たく飲みたい人は冷蔵庫で冷やす必要があり、温めて飲みたい人は容器をお湯の中に漬けて温める必要があるが、焼酎の場合は水で割ったりお湯で割ったりする過程で温度調節もできる。

「ロクヨン（６：４）」の黄金比率

　私は福岡県出身だが、子どもの頃、つまり１９７０年代、テレビＣＭで「ロクヨンのお湯割り」という宣伝文句をよく聞いた。子どもには何のことだかよく分からなかったが、これは焼酎は「焼酎６：お湯４」の比率のお湯割りを飲むのがお勧めだという意味だった。

　当時、焼酎は日本国内でも九州南部の鹿児島県や宮崎県以外では余り飲まれていなかった。販路拡大のため、鹿児島の焼酎会社が九州で最も人口

が多い福岡県への市場拡大を図っている時期だった。当時、福岡県では焼酎より日本酒が多く飲まれていたが、日本酒は燗酒で、つまり温めて飲むことが一般的だった。

　アルコール分２５％の焼酎を「焼酎６：お湯４」の比率でお湯割りにすると、日本酒とほぼ同じアルコール分１５％になる。しかも温かい。つまり、日本酒を燗酒で飲む習慣のある当時の福岡の人に対して、飲み慣れない焼酎を違和感なく飲んでもらうためには、「ロクヨンのお湯割り」を勧めることは理にかなっている。私は日本酒と焼酎のきき酒師の勉強をしながら初めて、当時の焼酎会社のマーケティング戦略を理解して、感服した。

アルコール度数が日本酒に近づいた韓国ソジュ

　私が１９９０年代前半に初めて飲んだ韓国のソジュは２５％だったが、その後、２０００年代半ばに韓国で勤務した際、ソジュは２０％が一般的になっていた。そしてその後もソジュのアルコール分は低下を続け、２０２０年代の今、１６％のソジュが売られている。これはもう日本酒並みである。

　日本酒は１５〜１６％が一般的であり、１８％の原酒もある。冒頭で私は「韓国人が皆ソジュをストレートで飲んでいることに衝撃を受けた」と書いたが、１６％のソジュであればストレートで飲んでも衝撃ではない。韓国人は酒に弱くなったのだろうか？

　韓国では法令で「アルコール分１７度以上の酒類を放送広告しないこと」と定められているので、１６％のソジュには広告戦略もあるだろう。

しかし、最近の韓国の若者は、酒に弱くなったというよりも、健康を考えながら酒を飲むようになったと感じる。近年、韓国で日本酒の人気が高まっている背景には、日本酒の魅力もさることながら、韓国人が好む酒のアルコール度数が低くなって、ちょうど日本酒の度数になったためではないだろうか。韓国におけるワイン人気も同じ理由で説明できると思う。

　しかし私は、最後に重要なことを思い出した。韓国人はソジュをお湯割りや水割りで飲まないが、その代わりに、ソジュをビール割りで飲んでいるではないか！　やはり韓国人はまだまだ日本人より酒が強いようだ。

❹ 日本語では「濁酒」と「濁り酒」は別の酒である

韓国語 → p.72

　日本にもマッコリに似た酒がある。「どぶろく」と「にごりざけ」である。生産量が少ないので日本人でも飲んだことがない人が多いし、韓国にはほとんど輸入されていないので聞いたことがない人も多いと思う。

単語の意味は同じだが、造り方は少し違う

　漢字で「濁酒」と書いて日本語では「だくしゅ」と読むが、実際には「だくしゅ」と呼ばれることはなく、「どぶろく」と呼ばれることが多い。語源は不明だが、漢字で濁ったもろみを意味する「濁醪」と書いて「だくろう」と読むので、これが変化したものだと言われている。

　濁り酒（にごりざけ）は漢字で書くと分かるように濁った酒を意味する。言語的には「濁酒（どぶろく）」と「濁り酒（にごりざけ）」は同じ意味であるが、実際には別の酒を指す言葉として使われている。

　日本酒を造る際には発酵した粥状のもろみを濾して液体と固体に分離する。液体部分が清酒、固体部分が酒粕である。清酒の中でも、日本産の米で日本国内で作った清酒が日本酒と呼ばれる。そして、もろみを濾さずに液体と固体が混ざったままの状態が濁酒（どぶろく）である。未発酵の米粒が残っている製品もあるし、未発酵の米粒をすり潰して滑らかにした製品もある。

　濁り酒は清酒と濁酒の中間的な存在である。もろみを濾して液体と固体に分離するとき、目の粗い布や網で濾すと濁った液体になる。これが濁り

酒である。

日本の法律には濁酒がない

日本の酒税法には清酒の定義の中に「濾したもの」と書かれている。目の粗い布や網で濾した濁り酒は、見た目は濁っているが「濾したもの」なので、法律上は一般的な日本酒と同じ清酒である。

どぶろくは濾していないので清酒ではない。韓国の酒税法には清酒や薬酒とは別に濁酒という項目があるが、日本の酒税法には濁酒という独立した項目はない。日本のどぶろくは「その他の醸造酒」という項目に含まれる。どぶろくは法律的に冷遇されてきたように感じられる。

どぶろくは密造酒だった？

日本で「どぶろく」と言うと「密造酒」というニュアンスを感じる人が多い。日本では１８９９年に自家醸造が禁止され、それ以降、どぶろくは主に密造酒として造られたからである。１９８０年代に「自家醸造を認めない酒税法は憲法違反だ」と主張して裁判で闘った人が敗訴した事件は「どぶろく裁判」として知られている。

合法的にどぶろくを造っているのは、酒造免許を持っている酒蔵およびごく一部の神社である。これに加えて、２００２年以降、農家が自ら造ったどぶろくを民宿や食堂で提供する場合などに小規模の酒造免許が付与される制度ができた。「どぶろく特区」と呼ばれており、全国の百か所以上の地域で、地域振興に貢献している。

どぶろくと濁り酒のテイスティング

どぶろくの中でも未発酵の米粒が残っている製品はお粥のような食感であり、未発酵の米粒をすり潰して滑らかにした製品は練乳やヨーグルトのような食感である。小規模で簡易的な設備で造るので、日本酒ほどアルコール発酵が進まない場合も多く、アルコール分はビールやマッコリ並みの製品（５度前後）から日本酒なみの製品（１５度前後）まで様々である。

濁り酒は粗く濾すか精密に濾すかにより、ほとんどどぶろくに近い製品もあり、ほとんど日本酒に近い「うすにごり」と呼ばれる製品もある。アルコール分は日本酒なみである、というより、日本酒の一種である。

韓国でどぶろくや濁り酒が買えない理由

どぶろくは限定された場所で少量生産されて現地で消費されるので、日本人でも普通の人が飲む機会は少ない。濁り酒は日本酒専門酒店では購入できるし、日本では通信販売も可能である。しかし韓国では「うすにごり」の日本酒は時々見かけるが、どぶろくに近い濁り酒は見たことがない。

濁り酒は日本酒の一種であり価格も普通の日本酒と同じ価格帯である。韓国に輸入されると高価になる。韓国人が濁り酒を「日本のマッコリ」という目で見てしまったら、高くて買う気にならないであろう。

韓国のマッコリの中にも「プレミアム・マッコリ」または「クラフト・マッコリ」と呼ばれる高級品が増えてきたが、マッコリは安い酒という固定観念を持っている人には抵抗感があると思う。今後、マッコリにも安価な製品から高級な製品まであるという多様性が韓国社会で定着すれば、日本の多様な濁り酒製品も韓国に輸入されるようになるのかもしれない。

❺ 日本には薬酒がない

韓国語 → p.76

　韓国語が読める日本人は、韓国のスーパーやデパートの酒類売場に薬酒が多いことに驚く。日本では薬用酒と言えば主に薬局で売られており、薬の一種である。

　試しに韓国の薬酒を何種類か買ってみたが、日本人が想像していた薬用酒とは異なり、生薬成分は少ない。その中には生薬成分が全く含まれていない薬酒もあり、清酒とどこが違うのか分からないという日本人が多い。

　まず、韓国の清酒と日本の清酒はその中身が違うことから説明する必要がある。いずれも漢字で書くと同じであり、濁酒に対して澄んだ酒を意味するが、韓国と日本の酒の歴史の違いを反映して両者の中身は異なる。

日本と韓国の清酒の原料と発酵剤

　日本の清酒は米を原料として造られ、生薬などの副原料は使わない。米の澱粉を糖化発酵するためには米麹、すなわち米を蒸してコウジカビの胞子を接種して培養したものを使う。糖をアルコール発酵させるためには、昔は酒蔵の中にいる酵母が自然に増殖するのを待っていたが、その後、高品質の酵母を培養して使うようになった。

　一方、韓国の清酒も米を原料として造られるが、副原料の自由度が高い。そして、糖化発酵もアルコール発酵もヌルク（韓国の伝統麹）を使うのが特徴である。韓国のヌルクは日本の米麹とは異なり、生の小麦粉を水で練ってヌルク部屋に安置すると、部屋の中に定着している多様なカビや酵母が自然に増殖してヌルクが出来る。

韓国の清酒と薬酒

韓国の清酒は薬酒とも呼ばれるようになった。その理由については「禁酒令^{注3)}が出た際に薬は例外だったから」「薬峰※さんが美味しい清酒を造ったから」「薬峴洞で美味しい清酒が造られたから」など諸説あるが、いずれにせよ、生薬を副原料に使った清酒でなくても薬酒と呼ばれることがあったということだ。

※薬峰：李氏朝鮮時代の学者ソ・ユゴ（徐有渠）。ソウルの薬峴洞に住み薬峰と名乗り良質の酒を造ったと伝わる。

韓国酒税法上の清酒と薬酒

２０世紀に入り、韓国内で日本式の清酒が造られるようになったため、韓国式の清酒と日本式の清酒を区別する必要が生じた。そこで韓国酒税法では、韓国式の清酒をその別名である「薬酒」と呼び、日本式の清酒をそのまま「清酒」と呼ぶようになった。もちろん韓国酒税法に日本式という表現はないが、清酒の定義として「ヌルクの使用量が１％未満」とあるので、ヌルクを全く使用しない日本式の清酒は自動的に韓国酒税法では清酒になる。韓国式の清酒は、ヌルクの量を１％以上にするか１％未満にするかで、薬酒と名乗るか清酒と名乗るかを選択できる。

現在韓国で販売されている清酒には韓国式の清酒の中でヌルクが１％未

注3）　朝鮮時代(1392~1910)に日照りや飢饉などが続く凶作の時期に米の消費を抑制するために飲酒や酒の製造を禁止した禁酒令が何度か出された。1756年に英祖が出した禁酒令は10年間も続いたと言われる。

満の製品もあれば、日本式の清酒もある。表示欄をよく読めば違いが分かるが、文字が小さいので中高年には読みづらい。

韓国の清酒と薬酒の多様性

韓国酒税法の清酒は、各種の植物性副原料や甘味料の使用が認められているなど幾つかの点で日本酒税法の清酒よりも自由度が高い。したがって韓国酒税法の清酒は日本酒税法の清酒（＝日本酒）よりも対象範囲が広い。日本人も韓国人も、同じ漢字を使う単語は同じ意味であることを期待してしまうが、外国語である以上、同じ漢字でも意味が異なる単語は珍しくない。

韓国酒税法の薬酒は、韓国酒税法の清酒よりも更に自由度が高い。米以外の穀物を主原料とすることもできるし、清酒には認められない果物や野菜を使用することもできる。ヌルクの使用とともに、この多様性が韓国の酒の特徴である。かくして韓国語が読める日本人は、韓国のスーパーやデパートの酒類売場で、薬酒の多様性に驚くことになる。

薬酒に似ているクラフト・サケ

日本酒税法には薬酒という分類はないし、清酒にハーブなどの副原料を使用することはできない。もし添加すれば、それは「その他の醸造酒」という扱いになり、酒造免許も清酒とは別の免許が必要である。

しかし、近年になって、意図的に「その他の醸造酒」免許を取得して、清酒にハーブなどの副原料を使用した酒を造るベンチャー企業が数社誕生している。清酒免許の新規取得は非常に困難だが「その他の醸造酒」免許

は新規取得が比較的容易であることに着目した起業である。

　これらの酒は清酒とも日本酒とも名乗ることはできないが、最近「クラフト・サケ」と名乗るようになってきている。海外市場を強く意識している酒蔵もあるようだ。今度機会があれば、韓国人若手醸造家が造る韓国薬酒と日本人若手醸造家が造るクラフト・サケの比較試飲をやってみたいものだ。

❻ 日本には薬酒はないが薬用酒がある

韓国語 → p.80

　韓国の薬酒は日本の薬用酒とは異なり生薬成分は少ない。中には生薬成分が含まれていない薬酒もある。読者の中には「では日本の薬用酒ってどんな酒なのか？」と疑問に思った人もいると思う。日本に何度も行ったが薬用酒は飲んだことがないという人も多いはずだ。それはそうだ。日本の酒屋では売られていないし、居酒屋のメニューにもないのだから。

薬用酒の例①：養命酒

　日本人に薬用酒の例を尋ねると多くの人が養命酒と答えると思う。１６０２年に養命酒という製品名で製造が開始され、翌年には徳川家康に献上されたという記録が残っている。

　養命酒はみりんに１４種類の生薬を浸漬して造る。みりんとは、蒸したもち米に米麹を加えて糖化発酵させたものを焼酎に混ぜて熟成させた酒である。料理酒として知られているが、本格的な製法で造った本みりんはそのまま飲んでも甘くて美味しい酒である。但しスーパーで売られている「みりん風調味料」は水に糖類とアミノ酸と香料を添加した液体であり、アルコールはほとんど含まれていない。みりん風調味料と本みりんとは別物である。

　養命酒は一見するとメープルシロップのような色と粘性があり、漢方薬の匂いが強い。韓国の補薬(煎じ薬)を濃縮したエキスのようなイメージである。１４％のアルコールを含んでいるが、酒として楽しむ飲料ではない。薬として１日３回、２０ＭＬずつ服用することとされている。

薬用酒は酒なのか薬なのか？

薬用酒は薬事法の規定により製造許可を受けた医薬品である。薬局で売られており、酒屋では売られていない。

酒税法上、酒類とはアルコール分１度以上の飲料と定義されているが、当時の厚生省と国税庁が協議の上、一定の条件を満たしたアルコール含有医薬品は「酒類として取り扱わないもの」とされている。

最近は規制緩和で一部の医薬品がスーパーやコンビニでも売られるようになった。その結果、薬用酒もスーパーやコンビニでも見かけるようになったが、決して薬用酒が酒類扱いになった訳ではない。

その一方で、生薬が入っていても薬事法上の医薬品でなければ酒税法上の酒類である。養命酒の製造会社は高麗人参酒も造っており、高麗人参を含む１５種類のハーブを使っているが、これは酒税法上の混成酒（リキュール）である。韓国の百歳酒（ペクセジュ：もち米と１０種類のハーブで造った酒）も韓国では薬酒だが日本では混成酒として売られている。

薬用酒の例②：陶陶酒

陶陶酒を販売している陶陶酒本舗も１６９０年創業の老舗である。生薬にマムシを加えたレシピが特徴であるが、そのために若い世代に訴求できず、経営的には苦労が多い。現在は薬用酒としての陶陶酒と酒類としての陶陶酒の双方を造っており、デルカップというソジュグラスのような５０ＭＬ容器に入った陶陶酒はコンビニでも見かける。アルコールは２９％の製品と１２％の製品がある。いまでは原材料表示の十数種類の中にマムシが入っていることに気付く消費者はほとんどいないようだ。

薬用酒の例③：黄帝酒

　１０種類の生薬とタウリンを含む。アルコール１４％。薬用酒としての「黄帝酒」よりも、医薬品だがアルコールは３％以下の栄養ドリンク「黄帝液」の方が「ユンケル」というブランド名でよく知られている。

薬用酒と同じ製法の酒類：保命酒

　広島県福山市に鞆の浦という港町がある。江戸時代から海上交通の要所として栄え、近年は宮崎駿監督がこの町で「崖の上のポニョ」の構想を練ったことでも知られているが、この町で１６５９年から製造されていた薬用酒が保命酒である。朝鮮通信使も数回立ち寄っており、保命酒を飲んで詠んだ漢詩が残されている。

　現在では４軒の酒蔵が保命酒を製造している。酒蔵毎に若干レシピが異なるが１６種類の生薬を使い１３〜１４％のアルコールを含んでいる。医薬品としての申請は行わず、酒税法上の混成酒（リキュール）として販売している。この地域を旅行する際には立ち寄ってほしい。

家庭で造れる薬用酒：屠蘇酒

　日本では正月に屠蘇酒を飲む習慣がある。数種類の生薬を配合した屠蘇散を清酒か本みりんに一晩浸漬させて風味を付ける、簡易な薬用酒である。年末になればティーバッグに似た形状の屠蘇散を薬局や酒屋やスーパーで購入できる。屠蘇とは邪気を払うという意味であるが、若い世代には屠蘇酒を飲む習慣を知らない人が多いのが残念である。もしかして「鬼滅酒」と名乗れば人気が復活するだろうか。

第4章 日本の酒文化

❶ 日本のビジネスマナー「とりあえずビール！」

韓国語 → p.86

　私は酒を味わうのは好きだがアルコールには弱い。私が社会人になった頃、飲み会で居酒屋に行くと、困ったことが一つあった。最初に店員が注文を取りに来ると、必ず幹事が「とりあえずビール！」と全員分のビールを頼むのである。間もなく私の前には選択の余地なくコップが配られビールが注がれる。これで乾杯すると、空になる前にコップにまたビールが注がれる。こうして私が今日飲めるアルコール量がどんどん残り少なくなっていく。ビールが嫌いな訳ではないが、どこででも飲めるビールよりも、この店のおすすめの日本酒や焼酎をゆっくり味わいたいのに・・・。

　しかし、次第に私もこのビジネスマナーが理解できるようになった。要するに、一刻も早く乾杯したいのだ。特に、出席者に上下関係がある席では、目上の人を待たせては失礼なのだ。だから「とりあえずビール」なのだ。

　瓶ビールは無敵だ。本数も適当で良い。店員は冷蔵庫からそのまま持ってきてテーブルにドンドンと置くだけでよい。そうすると出席者が自発的に互いにビールの注ぎ合いを始めるので、店員は何もしなくてよい。これは早い。

　したがって幹事は「皆さん、何を飲みたいか、あとで個別に注文をお伺

いしますが、とりあえず、乾杯は全員一律にビールとさせて頂きますね」
と全員分のビールを注文するのが正解である。これが「とりあえずビール」の正体であると私は理解している。

　韓国では「とりあえずビール」を「ウソン・メクチュ（まずビール）」と翻訳することが多いが、「まずビール」とは少し違う。私は「イルタン・メクチュ（一旦ビール）」と訳す方が日本語のニュアンスに近いように思う。

　私が社会人になった頃は、このビジネスマナーは強力だった。お酒が飲めない人も「とりあえずビール」に対して「私はウーロン茶ください」と言うと「空気が読めない奴」「若い者が上司を待たせるのは失礼」と冷たい目で見られることになる。とりあえずは皆と一緒にビールで乾杯だけして、その後にウーロン茶を頼み、ビールは口をつけずに隣の席の人に飲んでもらうのが「お酒は飲めないが優秀な若手職員」のビジネスマナーだった。

　しかし時代は変わった。今どきの幹事は、最初に「飲めない人は手を挙げて」と人数を数え、その人達には「とりあえずウーロン茶」を、残りの人達には「とりあえずビール」を注文するのが正解である。

　また、昔の居酒屋はビールと言えば瓶ビールが一般的だったが、最近の居酒屋はビールサーバーで生ビールをジョッキに注いで出すことが多い。この場合、店員が人数分のビールを注ぐ作業があるので、必ずしもビールだから早いとは言えなくなっている。最近は「とりあえずビール」の慣習も次第に薄れてきているようだ。

　私は３０年近く働いて、ようやく自分が目上の立場に立つ飲み会が増え

てきた。「とりあえずビールでいいですか」と尋ねる幹事に「私は日本酒を」と言っても、もう誰からも批判されない。但し困ったことが一つある。皆が「へえ、最初から日本酒ですか。お酒が強いんですねえ」と言うのだ。いや、お酒が弱いからこそ、少ない酒量で好きなものを飲みたいだけなのだが。

❷ 一度しか乾杯しない日本人、酒を注ぎ足す日本人

韓国語 → p.90

　まだ韓国生活に慣れていなかった頃、韓国人と酒を飲みに行くと、何度も乾杯を求められることに当惑した。日本人は一般的に最初に一度しか乾杯しないので、何度も乾杯する韓国の飲酒文化に違和感を感じたのだ。

一度しか乾杯しない日本人

　古代の日本では、貴重な収穫や酒は最初に神様に捧げた。その後で、神様に捧げたものと同じものを飲食することで、神様との一体感、そして参加者全員の一体感に浸った。現在でも日本の伝統的な結婚式では、三三九度といって、新郎と新婦が交互に酒を飲み交わす儀式がある。これは二人が縁を固めることを象徴する儀式で、西洋式の結婚式における指輪の交換に相当する。

　ただ、日本の伝統的な結婚式では、三三九度の儀式の後に、新郎の家族と新婦の家族も同じ酒を飲み交わすことにより、双方の家族が新たな親族としての縁を固める。日本人にとって酒は、参加者全員が一体感を確認するための道具なのだ。

　乾杯という言葉は中国語に由来するが、日本においては、全員で同じ酒を飲む儀式と融合した。現在では、宴会における乾杯は、儀式の終了と懇親の開始を宣言する機能を果たしている。最初に年長者の挨拶があり、その後、乾杯の後に飲食が始まる。年長者の挨拶を神妙に聞いていた参加者は、乾杯を合図に楽しく飲食と会話を始める。乾杯前は神の時間、乾杯後

は人の時間なのだ。

　このような話を長々と韓国人の友達に説明するのは時間がかかる。私は普段は簡単に「日本人にとって『乾杯』は酒に対する『いただきます』なのだ」と説明するようにしている。新しい料理が運ばれてくる度に「いただきます」とは言わないように、「乾杯」も一杯目の酒を飲み始めるときにしか行わないのだと。

酒を注ぎ足す日本人

　乾杯は漢字で「杯を乾す」と書くが、日本では既に述べたように参加者が同じ酒を飲むことにより一体感を感じることが目的であり、酒に強い人は一気に飲み干すが、酒に弱い人は口をつける程度でも構わない。しかし韓国では、乾杯した後に飲み干すだけではなく、乾杯する前にも杯に残っている酒を飲み干すのが私には負担である。

　まだ韓国生活に慣れていなかった頃、何度か韓国人とお酒を飲みに行って、何度も乾杯を求められることは理解した。改めて乾杯するために杯を酒で満たす必要があることも理解した。しかし、飲みかけの杯を差し出したら不満そうな顔をされた。注ぐ前に飲み干せということらしい。いや、乾杯した後に飲み干すんだから、乾杯する前に飲み干さなくてもいいでしょう、と苦痛に思った。

　日本では、特に瓶ビールをコップで飲んでいる時、近くの人のコップの中身が半分以下になったら注ぎ足す人が多い。個人的には、途中で注ぎ足されると自分がどのくらい飲んだか酒量が分からなくなるので嫌いなのだが、日本人の多くは、相手、特に目上の人のコップがビールで満たされた

状態にないと失礼だと感じるようだ。残り物を飲むのではなく、常に杯に満たされた酒の最初の一口を飲んで欲しいということなのだろう。したがって、注ぐ度に相手に飲み干すことまでは求めない。

この日本の飲酒文化を知らない韓国人が日本人と飲みに行ったら、乾杯する訳でもないのに盛んに酒を勧める日本人に当惑するかもしれない。多くの韓国人は勧められる度に習慣で注がれる前に一旦飲み干すので、結果的に日本人より多く飲まされることになる。

異文化交流の現場では、相手と自分の違いを面白いと感じる瞬間と負担に感じる瞬間がある。相手にも相手なりの論理があるのだと分かったときには面白いと感じることが多い。飲酒文化もその例外ではない。自分がもっと酒に強かったら常に面白いと感じるのだろうが…。

❸ 居酒屋と酒屋、この違いは大きい

韓国語 → p.94

　韓国でイザカヤ（居酒屋）と名乗る日本風の酒場が増えた。しかし日本語で酒屋と言えば酒場ではなく酒類販売店を意味する。「居」の有無で意味が異なることは日本人は皆知っているが、なぜ違うかを説明できる人は少ない。

　江戸時代から明治時代にかけて既に、日本酒や焼酎を売る酒屋はどの町にもあった。しかし、まだガラス瓶が普及する前の話である。日本酒や焼酎は木樽に入った状態で酒屋に納品された。店員は酒を量り売りする。客は「通い徳利」という陶器の容器に酒を入れてもらって家に持ち帰る。この容器は店の所有物であり、店の名前が書かれていることが多い。客は酒がなくなると再び同じ酒屋に通う。コーヒーショップのリフィル用タンブラーより百年以上も前にあった、環境に優しいシステムである。

　日本のアニメ「鬼滅の刃」で、鬼との闘いで命を落とした勇士の父親が酒に溺れている場面があった。父親が持っていたのが通い徳利である。父親は酒がなくなると通い徳利を持って酒屋に行ったが、主人公の登場に驚いて一個落として割ってしまっているので、おそらく酒屋で叱られたはずだ。

　時代は変わって私の子どもの頃、つまり１９７０年代。私が酒屋に行くと、朝でも昼でも、カウンターの前で立ったまま、ガラスのコップに入った日本酒や焼酎を飲んでいる大人をよく見かけた。私の故郷である北九州市は製鉄所をはじめ日本を代表する工業地帯であり、工場は２４時間稼働していた。労働者は３交代制で働くので、８時間毎に仕事を終えた労働者

が工場から出てきて、近所の酒屋で「自分へのご褒美」を与えて家に帰るのであった。

　北九州ではこのような飲酒文化を「角打ち」と言う。昔は酒の計量道具として木製の枡が使われていたので、酒を枡から通い徳利に入れて家に持ち帰るのではなく、酒屋で四角形の枡から直接酒を飲んでいたのが起源ではないかと私は想像するが、語源には諸説ある。韓国のコンビニではカップラーメンを購入後に店内でお湯を入れて食べることができる店舗があるが、飲食店ではなく販売店の店内で飲食するというイメージはよく似ている。

　江戸時代にも酒を販売しながら店内で酒を飲ませる酒屋はあった。しかし、酒は一杯飲めば二杯、三杯と飲みたくなるものであり、立ち飲みではなく椅子に座って落ち着いて飲みたくなるものであり、つまみや料理と一緒に飲みたくなるものである。店内に滞在したまま酒を飲むことを、人は「居酒」と呼ぶようになった。現在の居酒屋の中には、カウンターの前で立って酒を飲む「立ち飲み」の店もあるが、これを角打ちと混同している日本人が多い。本来の角打ちは、酒を販売する酒屋の中で酒を飲むことであり、現在では日本国内でも一部地域にしか残っていない。

　居酒の方が商売上も有利な場所では、酒屋の側でも、販売中心の店舗設計よりも、飲食スペースや厨房を含め居酒中心の店舗設計をするようになる。こうして登場した、酒屋が経営する飲食店が「居酒屋」である。既存の料理店は「料理が主体で酒も注文できる」、居酒屋は「酒が主体で料理も注文できる」というのが本来の違いであった。しかし現在では酒の販売店を兼ねた居酒屋はほとんどない。飲食店の中で料理を重視するか酒を重

視するかという店舗設計の違いにすぎない。

　読者の中には私の子どもの頃の話を読んで「子どもの頃から酒屋に行っていたのか」と驚いた人がいるかもしれない。私が子どもの頃、近所の酒屋は、大人には酒やタバコ、子どもにはお菓子やアイスクリーム、そして基本的な調味料や日用雑貨も売っていた。西洋では未成年者の酒屋への入店が禁止されているので説明に苦労するが、韓国ではクモンカゲ（町内のよろず屋）という一言で子どもの頃の追憶まで共感が得られるのが嬉しい。私の故郷では町の酒屋がクモンカゲであった。

　町の酒屋は大半がコンビニになってしまった。しかし、日本のコンビニを注意深く観察すると、大手コンビニの画一的な店舗よりも酒売場が充実している店舗がある。きっと町の酒屋が大手コンビニの加盟店になって生き残っているのであろう。ただしコンビニのイートインコーナーでは飲酒は禁止されているので、許可なく角打ちを体験しないように。

❹ 日本酒をとっくりで注文する日本人、ボトルで注文する韓国人

韓国語 → p.98

　韓国に来て困ったことの一つが、日本料理店で日本酒をボトルで注文する習慣である。私は日本酒を味わうのは好きだがアルコールには弱く、とても一人で日本酒の四合瓶（720ml）は空けられない。

　日本で日本酒を注文する際には、一合（180ml）単位で注文するのが一般的である。メニューを見ると、日本酒の銘柄と一合の価格が書かれている。伝統的には一合徳利で提供されることが多いが、店によって片口や竹筒で提供されることもある。

　日本酒はお猪口で飲むのが一般的である。何人かで飲んでいて日本酒を注文すると、店員が「お猪口は何個必要ですか」と尋ねることが多い。最近は全員が日本酒を飲むとは限らないので、必要な個数のお猪口を持ってくるのだ。人数分を持ってくればよいのに、と思うこともあるが、まあ、不要な洗い物を増やさない方が店員も楽だし環境にも優しいということであろう。

　このような日本酒の提供スタイルが韓国で一般的でない理由を幾つか考えてみた。この中に正解があるだろうか。

1 酒器がないから？

　日本酒を一合単位で提供する場合、徳利または片口などの酒器が必要になる。海外においては酒器を調達するにも手間とコストがかかるし、店員にとっても、日本酒を瓶から酒器に注ぐための作業、酒器を洗うための作

業が増えることになる。ボトルで提供する場合、店員はボトルとお猪口を卓上に置くだけでよいので楽である。合理的であるが、客にとっては少し寂しい。

　韓国においては一合（180ml）に固執せず、90mlとか120mlとかの分量でグラス売りしてほしい。そうすれば日本酒のボトルは四合瓶（720ml）なので、90mlであれば8杯、120mlであれば6杯の日本酒を提供でき、専用の酒器も不要である。

　この間、ワイン持ち込み可能なレストランに日本酒を持ち込んだら「日本酒は持ち込み対応できません」と言われた。理由は、日本酒を提供する酒器がないからだそうだ。そこで私は「白ワインと同様の扱いで構いません」と言って、白ワイン用のワイングラスを出してもらい、韓国人の知人と一緒に日本酒を楽しんだ。日本酒専用の酒器やお猪口がなくても日本酒を楽しむことはできる。

2　ワイン文化の影響？

　西洋料理のレストランでワインのメニューを見ると、安価なワインはグラス単位で注文できるが、高級なワインはボトル単位で注文するのが一般的である。ワインは開栓すると短時間で風味が落ちるので、高級なワインをグラス売りすると売れ残りが無駄になるリスクがある。同じ発想で、日本酒についてもグラス売りを避ける傾向があるのだろうか。

　しかし日本酒はワインのようにポリフェノールを含んでいないので短時間で酸化することはなく、冷蔵庫で保管すれば開栓しても数日間は問題なく楽しめる。当日中に一瓶をすべて売り切らなくてもよいのでグラスでも

売ってほしい。

3 経済的な一升瓶がないから？

日本の酒屋に行くと、ワインボトル（750ml）とほぼ同じ大きさの四合瓶（720ml）の他、一升瓶（1800ml）をよく見かける。日本の飲食店や居酒屋では、日本酒を一合単位で売ることを前提に、一升瓶で日本酒を調達することが多い。一升瓶の方が経済的である。

しかし、韓国では日本酒をボトル単位で売ることが一般的なので、一升瓶はあまり輸入されておらず選択肢が少ない。日本の業務用の冷蔵庫は一升瓶を収納する前提で設計されているが、韓国では収納も不便であろう。

様々な種類の日本酒が一升瓶で韓国に輸入されれば、一合単位で提供する方が経済的なので、一合単位で提供する店も増えるだろう。しかし、一合単位で提供する店が増えなければ、様々な種類の日本酒が一升瓶で韓国に輸入されることはないだろう。いわゆる「鶏が先か卵が先か」の問題である。

4 不正行為の防止？

日本や韓国の飲食店では、酒器に入って提供された日本酒が本当に自分が注文した種類の日本酒なのか、実は別の安い酒ではないのか、疑問を感じたことはない。しかし、世界中には様々な国に様々な飲食店があり様々な従業員がいて、全員が信用できる訳ではない。ボトル単位で注文して、自分の目の前で開栓する方が安心である。むしろその対応が世界標準かもしれない。

もちろん日本や韓国の飲食店であっても、不正行為をする店員がゼロという保証はない。将来的には日本でもボトル売りが一般的になるかもしれないが、そのような将来は見たくない。私は美味しい日本酒を少しずつ飲み比べるのが好きなのだ。

❺ 日本酒の酒蔵見学に行こう

 韓国語 → p.102

　韓国には、日本を何度も訪問したことがあり、他の外国人観光客があまり行かないような珍しい場所を積極的に訪問する人が多い。そういう人には、是非、日本酒の酒蔵を訪問することをお勧めしたい。酒蔵の施設を見学し、酒蔵の人とお話をし、お酒を試飲して、気に入った酒をお土産に買う。直営レストランで酒と郷土料理のペアリング体験が出来る酒蔵もある。忘れられない思い出になるだけでなく、自分が愛着を持って飲むことのできる酒に出逢えば、人生がより豊かになる。

　但し、旅行会社や日本人の知人の支援なしに外国人が単独で酒蔵を訪問するのは簡単ではない。見学不可という酒蔵も多いし、見学可能であっても外国語で対応可能な酒蔵は更に少ない。情報を得るためには、一定の日本語力が必要になる。

訪問できる酒蔵の探し方（日本語初級者向け）

　韓国語で訪問地域名と「酒蔵見学」「酒蔵ツアー」「酒蔵ツーリズム」と検索すると、見学可能な酒蔵の情報が韓国語で得られる。特に大手の酒蔵の中には、予約なしに訪問可能な見学コースを整備しているところが多い。仮に日本語が出来なくても自由に見学して最後に売店で買い物をすることができる。

　私が知っている中では、神戸の菊正宗や福寿、京都の月桂冠など、韓国語のウェブサイトで見学案内の情報を得られ、予約なしに訪問可能で、韓国語を含む多言語の掲示や動画やパンフレットを用意している酒蔵も多い。

訪問できる酒蔵の探し方（日本語中・上級者向け）

日本には４７の都道府県全てに日本酒の酒蔵がある。鹿児島には２軒、沖縄には１軒しかないが、焼酎や泡盛の酒蔵もあるので、どの都道府県にも酒造組合がある。まずはあなたが訪問する地域の酒造組合のウェブサイトで情報収集することをお勧めする。

例えば、あなたが東京に行くなら、日本語で「東京都酒造組合」と検索してみよう。東京都酒造組合のウェブサイトには英語のページもあるが、まずは日本語のページで説明する。

どの組合のウェブサイトにも、酒蔵紹介のページがある。東京の場合、９つの酒蔵があり、簡単な説明と、酒蔵のウェブサイトのＵＲＬが紹介されている。ここで見学可能な酒蔵の情報を掲載している組合もあるが、ここから各酒蔵のウェブサイトに移動し、それぞれのウェブサイトで見学情報を探さなければならない場合もある。

東京の組合は素晴らしいことに５カ国語で蔵元を紹介する専用ページを作っている。韓国語のページを見ると、「見学不可」という酒蔵も多いが、嘉泉の酒蔵は「見学可能、予約必須（8:00〜17:00）」、澤乃井の酒蔵は「見学可能、予約必須、1日4回(11時、13時、14時、15時)」と書いてある(2022年)。日本語が話せる人はこの時点で酒蔵に直接電話してみてもよいが、最新情報はやはり各酒蔵のウェブサイトを確認したほうが良い。

嘉泉の酒蔵のウェブサイトを確認してみると、コロナ禍を機会にやはり現在は見学可能日時や人数が限定されているようだ。ウェブサイトには英語ページがあるが、最新情報の発信は日本語のみである。残念ながら大半の酒蔵には自由に英語を使える職員はいない。基本情報は英語ページを作

っているが、日々の新着情報は日本語のみで発信している酒蔵が多い。

　他方で、澤乃井の酒蔵のウェブサイトには英語ページがあり、ウェブ上で見学の予約まで可能である。これは外国人には嬉しい。但し見学時の説明は日本語で行われると書いてあるので、現場では誰か一人は日本語能力が必要である。他の地域についても同様の手順で情報を探してほしい。

酒蔵訪問時の注意事項

　大きな酒蔵では一年中酒を造っているが、小さな酒蔵では冬が酒造期間である。見学する立場からは酒造期間の見学が楽しいが、酒蔵の立場からは酒造期間中、特に１２月から１月にかけては忙しくて見学を受け入れないことが一般的である。酒造期間以外の方が予約をとりやすく係員も時間をかけて丁寧に案内してくれるだろう。酒造りの様子が見られないと不満に思わないでほしい。

　大きな酒蔵では見学用のコースを整備しているが、小さな酒蔵では作業現場に立ち入ることになるので、安全上、係員の指示に従わねばならない。また、酒造期間中であれば、訪問当日は納豆やヨーグルトを食べないように求められることがある。納豆菌や乳酸菌が酒蔵に持ち込まれると麹菌や酵母菌の繁殖に悪影響を及ぼす可能性があるからだ。その場合はキムチも控えたほうがよい。

　見学は無料であるところも多いが、特に小さな酒蔵の場合、見学料の代わりに、見学後にその酒蔵の製品を購入するのが礼儀というものであろう。何本買えば良いとか何円分買えば良いという話ではなく、言葉が通じなくても感謝と満足の気持ちを示すことができるという話である。

❻ 自家醸造が解禁された韓国、禁止されたままの日本

韓国語 → p.106

　ソウル市内のデパ地下で、マッコリパウダーを売っていた。米粉をはじめマッコリの原料が粉末状でブレンドされている。この粉末を水と混ぜれば２日でマッコリになるという。これは面白そうだし、日本へのおみやげにマッコリを買って帰るより便利そうだ。液体ではないので、スーツケースに入れても漏れないし、機内にも持ち込めるし、何より軽い。・・・と思ったが、残念ながら、この製品は日本では使えない。

　日本では自宅で個人的に酒を造る自家醸造は禁止されている。韓国でも以前は禁止されていたが、１９９５年に解禁された。現在では、ビールやマッコリを自家醸造するキットが販売されており、簡単に自宅で酒を造ることができる。このことは日本ではほとんど知られていない。

　昨年末、日本に一時帰国した際に、韓国の最新マッコリ事情に関するセミナーを行った。その際に教材として韓国から持ち帰ったマッコリパウダーを見せたら非常に強い関心を示された。パウダーの状態では米粉を主成分とする食品であり、日本に持ち込んでも違法ではないが、水を混ぜて発酵させると日本では酒税法違反になるので、あくまでも展示用である。セミナー参加者はみな自宅で自分でマッコリを作れる韓国人を羨ましいと思ったようだ。しかし、そもそも、なぜ日本では自家醸造が禁止されたのだろうか。

日本で自家醸造が禁止された理由

　１９世紀後半、明治維新後の日本政府は産業や社会の近代化のために税収が必要だった。しかし、出来たばかりの政府には全国民の所得を把握して所得税を徴収する能力はなかった。全国民の商取引を把握して付加価値税を徴収する能力もなかった。当時の政府にできた便利な方法の一つが、酒に対する課税であった。酒蔵を検査して製造量に応じた税金を徴収すればよいので、全国民を対象にするよりも手間はかからない。酒に対する税金は２倍、４倍と高くなっていった。

　当然ながら全国の酒蔵は増税の度に大反対した。増税の度に酒を値上げすると、自家醸造が盛んになって酒屋で酒を買う者がいなくなり、酒蔵が倒産する。そこで政府は酒蔵の理解と協力を得るため、税金を上げる度に自家醸造への規制を強化した。そして税金が当初の１２倍に引き上げられた時、自家醸造は全面的に禁止された。

　その後、税金は当初の２０倍になり、国家の税収のうち酒税が３分の１を超えるようになった。日本の近代化は全国の酒飲みが支えたと言う人もいるくらいである。しかし、近代化の陰で、日本の各地方、各家庭の独自レシピによる酒造りが見られなくなったのは残念なことである。

韓国でも禁止された自家醸造

　２０世紀前半、韓国においても、同じことが起きた。近代化のためには税収が必要であり、税収のためには酒蔵から税金を徴収する必要があり、酒蔵の理解と協力を得るために自家醸造の規制が強化され、ついには禁止された。韓国内の酒造業は産業として発展したが、その陰で、韓国の各地

方、各家庭の独自レシピによる酒造りが見られなくなったのは残念なことである。

　その後は韓国でも日本でも、密造酒を取り締まる役人と自家醸造酒を造りたい庶民の闘いの時代になった。韓国でも日本でも庶民が役人に抵抗した。千葉県や鹿児島県では密造酒の取り締まりを行っていた税務署員が殺害される事件も発生した。

　私が韓国の伝統酒に関する本を読んでいると「日帝が韓国の自家醸造酒文化を抹殺した」のような表現に接することがあり、心が痛む。その表現を使うなら、日帝は韓国よりも先にまず日本の自家醸造酒文化を抹殺したことになる。自家醸造の禁止は自家醸造酒文化が憎かったからではなく、近代化のための財源確保が目的であった。日本人がいなくても韓国政府は近代化のために同じ政策をとったと思うが、それでも日本人が日本と韓国で自家醸造を禁止したという悲しい歴史は変えることができない。我々が変えることができるのは、今を生きる我々の未来に向けた政策である。

自家醸造が解禁された韓国

　韓国では朝鮮戦争後も継続して自家醸造が禁止されていたが、１９９５年に解禁された。今ではインターネットでレシピも原材料も道具も手に入り、自家醸造酒を楽しむ人たちのオンラインでの交流も盛んである。自家醸造の経験を積んだ上でマッコリなど伝統酒の醸造場を企業する人も現れるなど、自家醸造酒と伝統酒の現代的な復興が進んでいる。

　私は１５年ぶりに韓国に赴任して、マッコリをはじめ伝統酒の多様化に驚き、関心をもった。私があるベンチャー醸造所を訪問したとき、人材は

自社で育成するのか他社から引き抜くのかと若い社長に尋ねたところ「自家醸造マニアが集まるネット上のコミュニティーには趣味が昂じて醸造を職業としたいという若者が何人もおり、その中から採用している」とのことだった。このことは日本ではほとんど知られていない。

自家醸造が禁止されたままの日本

　自家醸造を復活させた韓国に対して、日本では今でも自家醸造は禁止されたままである。税収における酒税の割合はかつて３０％を超えていたが今は２％程度であり、財源確保が自家醸造禁止の目的ではない。韓国でも日本でも少子化と人材不足が避けられない現在、もはや自家醸造は酒造業界にとって敵ではないのかもしれない。

第5章 日本の酒の歴史

❶ 世界の中の東アジアの酒

あ 韓国語 → p.112

　韓国と日本という二つの国だけを見ると、両国間には相違点が多い。しかし、世界中の国々を見ると、韓国と日本には共通点が多い。韓国の酒と日本の酒も同様である。ここでは、世界の酒と東アジアの酒の共通点と相違点、東アジアにおける韓国の酒と日本の酒の共通点と相違点を概観しつつ、日本の酒が現在の姿に発展した経緯と理由を考えてみたい。

　（本章は本来独立した講演原稿として構想したものであり、第1章〜第4章の内容と重複する箇所もあるが、視点を変えて改めて日本の酒について思いを寄せて欲しい。）

自国の酒は自国の名刺である

　人間は酒を造る生物である。人は地球上のどこにいてもそこにあるもので酒を造った。ブドウが穫れる場所ではブドウで酒（ワイン）を造った。麦が穫れる場所では麦で酒（ビール）を造った。蜂蜜が採れる場所では蜂蜜で酒（ミード）を造った。定住しない遊牧民も馬の乳で酒（馬乳酒）を造った。外国人 に自国の酒を勧めることは「私は地球上のこんな場所から来た」という名刺を渡すことでもある。東アジアは温暖湿潤で米が穫れるので、東アジアの人は米で酒を造った。とはいえ、東アジアの人にとって、米で酒を造るのは容易ではなかった。

酒を造った人間の知恵

ブドウ果汁や蜂蜜には糖分が含まれている。馬乳にも乳糖が含まれている。糖分は自然界に存在する酵母菌が繁殖するとアルコールと炭酸ガスに分解される。細菌は自分自身のために繁殖しているのだが、それを人間が口にして不幸になれば腐敗といい、幸福になれば発酵という。人間は不幸と幸福を繰り返しながら、理由は分からないが、甘い液体は適切に管理すれば幸福な液体になる事を知った。こうして人は酒を造るようになった。

麦には糖分が含まれていないが、澱粉が含まれている。また麦芽には糖化酵素が含まれており、麦の澱粉を糖分に変えることができる。おそらく保管中の麦が濡れてしまい、発芽してしまった麦を食べてみた人が甘いことに気付いたのであろう。甘いということは、これを水と混ぜて適切に管理すれば酒になる。こうして人は麦からも酒を造るようになった。しかし、人が米から酒を造るようになるには更に後の話である。

米で酒を造った東アジアの知恵

日本のアニメ映画「君の名は。」で、神社の巫女を務める少女が「口噛み酒」を造っている場面があった。米には糖分が含まれていない。米には澱粉が含まれているが、残念ながら麦芽と異なり発芽米の糖化酵素は弱い。しかし幸いなことに、人間の唾液の中にも糖化酵素が含まれている。米は主食として炊いて食べるので、人はごはんをよく噛んでいるうちに口の中で米が甘くなることに気付いた。甘いということは、これを適切に管理すれば酒になる。こうして人は米からも酒を造るようになった。但し、口噛み酒は大量生産できず、宗教儀式に使われる程度だった。東アジアの

人が次に発見したのはカビである。

　東アジアは温暖湿潤でカビが生えやすい。米にも様々な種類のカビが生える。多くのカビは人間に有害であるが、中には人間に無害なものもあり、米の澱粉を分解して糖分に変えるものもあった。お腹が空いてカビの生えたご飯を食べてお腹を壊した人が何人いたか分からないが、試行錯誤の末、特定のカビはお腹を壊さず米を甘くすることが分かった。甘いということは、これを適切に管理すれば酒になる。こうして東アジアの人は安定的に米から酒を造るようになった。しかし、東アジアの各地でその方法には違いが生じた。

❷ 東アジアの中の日本の酒

 韓国語 → p.116

韓国の酒と日本の酒の違い

　東アジアの中でも中国や韓国では、北部は冷涼な気候で麦がよく獲れ、南部は温暖な気候で米がよく獲れる。中国や韓国では酒造りに役立つカビの培養ノウハウは北部で麦を使って確立された。小麦を砕いて水で練り、煉瓦状あるいは円盤状に成型して、専用の温かい室内に置いておくと、これまでに培養された様々な種類のカビが空気中に漂っていて、自然に繁殖する。韓国ではこれをヌルクと呼ぶ。ヌルクを砕いて水と蒸米と混ぜると発酵して酒になる。

　これに対し、日本は温暖な気候で米がよく獲れる。日本では酒造りに役立つカビの培養ノウハウは米を使って確立された。米を蒸してから室温まで冷まし、専用の温かい室内で、これまでに培養された特定のカビの胞子を振りかけて繁殖させる。日本ではこれを麹と呼ぶ。米麹と水と蒸米を混ぜると発酵して酒になる。

　韓国のヌルクと日本の麹は、小麦か米か、非加熱か加熱か、成型か粒か、培地の造り方が全く異なり、繁殖する微生物の種類も異なる。したがって出来上がる酒の香りや味も異なる。私は「韓国のヌルクには微生物の複雑性の魅力があり、日本の麹には微生物の純粋性の魅力がある」と理解している。

歴史書に出てくる日本の酒と韓国の酒

　３世紀末に中国で書かれた「三国志」の中の「魏志倭人伝」には当時の

日本について「人は酒好きである」という記述がある。葬儀の際に人々が飲酒するという記述もあり、少なくとも特別な日には人々が飲酒する習慣がある、言い換えればそれだけの量の酒を造っていたことがわかる。

　8世紀初に日本で書かれた「古事記」には、5世紀初に百済からの渡来人須須許理が酒を造って天皇に献上し、天皇が「須須許理が醸した酒で私は酔ってしまった」という歌を詠んだという記述がある。この記述を読んで「百済人が日本に酒造りを伝えた」と理解している人がいるが、酒は既に日本にあった。「百済人が日本に酒造りを教えた」と理解している人もいるが、韓国では当時も酒造りにはヌルクを使っており、日本ではその後も酒造りには麹を使っており、日本で酒造りの製法が百済式に変わった痕跡がない。

　確実なのは「百済の人が日本で酔える酒を造った」ことである。私の理解では、百済からの渡来人が、百済のヌルクを持ち込んで日本で百済式の酒を造り、それが当時の日本の麹よりも発酵力が強くアルコール度数の高い酒が造れたため、天皇も普段より酔ったのであろう。しかし、日本ではヌルク造りを再現できず、百済から持ち込んだヌルクがなくなると須須許理の酒造りも終わった。当時の日本では麦が一般的ではなかったのかもしれないし、麦のヌルクに繁殖するカビは日本の気候には適していなかったのかもしれない。いずれにせよ、百済式の酒の製法は日本に広まらず、よく発酵して酔える酒を造って天皇に喜ばれたという結果を出した須須許理の名前だけが歴史に残ったのであろう。

❸ 日本の酒が美味しく発展した理由

韓国語→ p.120

仏教寺院での酒造技術の発達

　9世紀になると仏教寺院での酒造りが活発になった。僧侶の居住区画である「僧坊」で造られた酒なので「僧坊酒」と呼ばれた。仏教の僧侶は禁酒のはずだが、当時の大寺院は最先端の学術機関でもあり技術開発機関でもあった。大寺院は僧坊での試行錯誤の成果を、文字と口伝と実演で伝承しながら、着実に酒造技術を発達させていった。そしてそれは大寺院の収入源となり更なる発展をもたらした。西洋でもトラピストビールのように修道院でワインやビールの製造が行われた歴史がある。世界各地で宗教機関は酒造技術の発達に重要な役割を果たしてきた。

　僧坊酒の中でも「南都諸白」という酒が高級酒として有名になった。「南都」とは京都より南の奈良を意味する。「諸白」とは、酒母（韓国酒のミッスルに相当）にも、醪（韓国酒のトッスルに相当）にも、双方にしっかり精米した白米を使った酒という意味である。これは、奈良の大寺院には貴重な米を精米することにより美味しい酒を造るという、知識と技術と経済力があったことを意味する。

　「煮酛」つまり雑菌が含まれる酒母を一旦加熱して酵母のみを培養する技術もうまれた。現在の酒蔵にも「高温糖化酒母」といって６０℃で米の糖化発酵を促進する技術があるが、６５℃を超えると酵母が死んでアルコール発酵に失敗する。また「煮酒」つまり完成した酒を加熱殺菌する技術も生まれた。こちらは６５℃以上にする必要があるが、７８℃を超えるとアルコールが失われてしまう。微生物の存在を知らず温度計のない昔、こ

れらの技術は文字だけでは伝承できない。僧坊で口伝と実演を通じて伝承されたのであろう。

このように、江戸時代に入る１７世紀まで仏教寺院で酒造技術の継承と発展が続いたことが、江戸時代に酒造業が産業化する基盤となった。

精米すると美味しいお酒が造れる理由

読者の中には、なぜ玄米より白米の方が美味しいお酒になるのか疑問に思う人がいるかもしれない。玄米の表面の茶色い部分には酒には不要なミネラルや脂質が多く含まれており、これを除去しないと不快な臭いや味が残る。玄米を木の棒で搗くと、米の表面が削れて、１００ｇの玄米が約９０ｇの白米になる。ご飯として食べるならこれで美味しいし、江戸時代まではこの白米で酒を造った。

白米の主成分はデンプンとタンパク質である。デンプンがアルコールになり、タンパク質がアミノ酸、つまり味成分になる。タンパク質は表面近くに多く含まれているので、更に精米を続けると、タンパク質の割合が減る。つまり味成分の少ない、きれいな味の酒を造ることができる。もちろん極端に精米して味成分が少なすぎると味の薄い酒になるので注意が必要であるが、しかし、そのような精米ができるようになったのは人間が電力を利用するようになってからの話である。

なぜ美味しい酒は冬に造るのか

日本の多くの酒蔵では秋の終わりから春の初めが酒造期間である。伝統的な酒蔵と言えば、多くの日本人は、冬に酒蔵に住み込んで酒造りをした

労働者が春になると故郷に戻って稲作をする光景を連想する。一見すると合理的な労働システムである。しかし酒蔵の視点で考えると、冬だけの季節労働者に依存せずに通年で労働者を雇用して一年中酒を造った方が合理的ではないか、と思う人がいるだろう。

　仏教寺院で僧坊酒が造られていた頃は、通年で酒を造っていた。しかし夏には美味しい酒を造るのが難しいということが知られるようになり、江戸時代に酒造業が産業化する頃には寒い時期の酒造が一般的になった。なぜ美味しい酒は冬に造るのか。ここには大きく二つの目的がある。

　一つ目の目的は雑菌の増殖抑制である。暖かい環境では空気中の様々な雑菌が増殖する。酵母の増殖より雑菌の増殖が早ければ、もろみが腐って酒造りは失敗に終わる。温度が低いほど雑菌は増殖しにくい。酵母も細菌ではあるが比較的低温に強いので、酵母が増殖できて雑菌は増殖しにくいギリギリの温度を維持することにより、最終的にタンクの中で酵母が十分に増殖することができ、美味しい酒を造ることができる。

　二つ目の目的は発酵速度の調節である。酒蔵では米のデンプンを麹菌により糖に変え、糖を酵母菌によりアルコールに変える。つまり糖化発酵とアルコール発酵という2つの異なる発酵がタンク（19世紀までは木桶）の中で同時進行する。この二つの発酵は速度が合致しないと進行しない。糖化発酵が遅すぎると糖分の供給が間に合わず酵母菌が活動できない。反面、糖化発酵が速すぎると糖分が濃すぎて酵母菌が繁殖できない。したがって二つの発酵速度を左右する温度調節が非常に繊細な作業になる。

　どちらの目的のためにも繊細な温度調節が非常に重要である。電気も冷蔵庫もなかった昔、温度が低いときにタンクを温めることはできても、温

度が高いときに冷やすことは難しかった。したがって気温や水温が十分に低い冬であれば繊細な温度調節が可能であり、それは美味しい酒を生み出すことに直結した。つまり、美味しい酒を造るためには夏より冬が有利であり、暖かい地域より寒い地域の方が冬が長いので酒造りには有利なのである。

❹ 日本の酒が産業として発展した理由

韓国語 → p.124

酒造りが産業として発展した江戸時代

　１７世紀になって徳川家康が江戸（現在の東京）に幕府を開いて都市開発を進めた結果、江戸の人口は１８世紀には１００万人を超え、ロンドンやパリを超えて当時としては世界最大の都市となった。都市の急拡大に伴い、土木・建設をはじめ様々な分野の労働者が江戸にやってきた。また全国各地より大人数の武士が江戸に単身赴任した。その結果、江戸は成人男性人口の割合が高い都市になった。つまり、これまで酒造りの中心地であった奈良や京都や大阪など西日本から遠く離れた東日本に酒の大消費地が出現したのである。

　野菜は江戸の郊外でも栽培することができたが、美味しい酒を造るには知識と技術と経済力が必要であり、既存の名産地の酒が江戸に輸出されることになった。名産地では従来の需要に加えて江戸への輸出という巨大な需要が生じ、生産規模を更に拡大させることになった。こうして江戸時代には酒造りが産業として発展した。

灘（神戸）の酒が有名になった理由

　江戸時代の日本には鉄道も高速道路もなかっただけでなく、江戸幕府は防衛目的のため幾つかの川に橋をかけず渡し船が唯一の交通手段であったので、木樽に詰めた酒を馬車で運んでも川を渡る度に積み替えが必要であった。大量の酒を江戸に輸送するためには船が必要だった。しかも太平洋という外洋を経由して大量の酒を輸送するには大きな船が必要であり、酒

造業とともに海運業が重要であった。奈良や京都にも川はあるが、大きな船で江戸に酒を輸出する上では海に面している大阪が有利であった。そして、江戸時代に、灘という地域（現在の神戸市および西宮市）で酒造産業が大阪よりも大きく発展した。海に面していて江戸への輸出に便利である以外にも幾つもの理由があった。

　神戸を訪問した人はご存じの通り、この地域は海の近くまで山が迫っている。平地が少ない反面、川が急流なので、他の地域では人が足で踏んで行っていた精米作業を水車で行うことができ、大量の米を経済的に精米することができた。また山の奥には農村地域があり、夏には良質な米が育ち、冬には積雪が多く農作業の出来ないため農民が酒蔵に季節労働者として働きにきたので、米と労働力を確保する上でも有利であった。灘は西日本にあり比較的暖かいが、冬になると六甲おろしという強い北風が吹いて寒い日が長く続く。これも灘が日本酒の名産地になった理由の一つである。

　地下水の水質が酒造りに適していることも灘の酒が有名になった理由である。この水を発見した逸話が残っている。この地域に東西二軒の酒蔵を所有していた主人は、毎年東側の酒蔵で美味しい酒が出来るのが不思議だった。ある年、主人は二軒の酒蔵の職人を全員入れ替えたが、やはり東側の酒蔵で美味しい酒が出来た。翌年、主人は二軒の酒蔵の道具を全部入れ替えたが、やはり東側の酒蔵で美味しい酒が出来た。その翌年、主人は二軒の酒蔵の井戸水を入れ替えてみた。毎日木樽に水を詰めて馬車で東西の酒蔵を往復する姿を人々は笑ったが、その結果、初めて西側の酒蔵で美味しい酒ができた。美味しい酒の秘密が井戸水にあると分かり、この地域の

他の酒蔵もこの地区の井戸水を使うようになり、灘という地域全体が酒の名産地として有名になった。現在でもここには日本を代表する酒蔵が集中している。

日本の水は一般的にミネラルの少ない軟水であるが、この地区の地下水は適度にミネラルの多い中硬水である。ミネラルにも様々な種類があるが、適度なカリウムやリンは酵母の栄養になる反面、マンガンや鉄は酒の色や味を悪くする。この地区の地下水が酒造りのために理想的なミネラル構成であることは、明治時代以降に科学的な水質検査が行われて判明した。

韓国のおじいさんが清酒を正宗と呼ぶ理由

灘の酒を有名にした井戸水の酒蔵で造られた酒の商品名は「正宗（まさむね）」であった。公式な説明では、仏教の経典「臨済正宗（りんざいせいしゅう）」が語源である。しかし、この「正宗（まさむね）」という商品名には、「正宗（せいしゅう）」と「清酒（せいしゅ）」の駄洒落が含まれているという説もあり、私もそのように想像している。日本の仏教寺院は比較的飲酒に寛容だが、それでも公式には寺院内は禁酒である。私が江戸時代の僧侶だったら「今夜は正宗（せいしゅう）を学びましょう」と弟子に伝えると、弟子は「分かりました」と言って「正宗（まさむね）」を持って来てくれるであろう。いや、破門になるかな。

ともあれ、「正宗（まさむね）」という酒が有名になったので、商標法がなかった江戸時代、日本各地で「○○正宗」という名前の酒が造られるようになった。明治時代になり商標法が制定された後、灘の酒蔵は「正

宗」を商標登録申請したが、却下されてしまった。この時点で既に日本各地に「○○正宗」という名前の酒があり、美味しい酒の代名詞として一般化しており、今更排他的な使用を認めることはできないという理由だった。灘の酒蔵は仕方なく、日本を代表する花である桜を冠して「桜正宗」を商標登録して現在に至っている。

　２０世紀前半、韓国でも各地で「○○正宗」という名前の清酒が造られた。そこで日本人がいなくなった後も「正宗」という名前が残ったのであろう。韓国の清酒と日本の清酒を区別する観点から、現在の韓国人が日本の清酒を英語式に「ＳＡＫＥ」と呼ぶのは合理的だと思う。但し日本語で「酒」と言うと酒類という意味であり、日本人はＳＡＫＥを「日本酒」と呼ぶので、日本で注文する際には気をつけてほしい。

下り酒と下らぬ酒

　江戸時代には灘や大阪から江戸に日本酒が大量輸送された。木樽に詰めた酒は他の貨物と一緒に運んでいたが、他の貨物よりも重い反面、鮮度が重要であるため速度も重要であり、樽廻船という酒樽専用の大きな船が造られた。実際の大きさは様々だが千石船と呼ばれ、千石＝一万斗＝十万升＝百万合なので、現在の四合瓶（720ml）で言えば２５万本分の酒を輸送できる計算になる。それでも江戸の人口が百万人であれば４人に１本。これは毎日運行しても足りないかもしれない。

　昔は京都が日本の中心であり、地方から京都に行く事を「上る」、京都から地方に行くことを「下る」と言った。現在でも日本の列車の時刻表は東京を基準に「上り／下り」と呼ぶ。

江戸時代には灘や大阪から江戸に送る酒は「下り酒」と呼ばれて珍重された。２０世紀に国産ウイスキーより輸入ウイスキーが「舶来品」として珍重されたような感覚だったのであろう。江戸郊外でも酒造りは行われたが、産業として発展した灘の酒の品質には及ばず「下らぬ酒」と馬鹿にされた。

　日本酒関係者の中には、の「下らぬ酒」が「くだらない」の語源だという人がいるが、私は少し違うと思う。灘や大阪で造ったが江戸に送らない酒のことを「下らぬ酒」と呼ぶなら文法的に問題ないが、江戸郊外で造られた「下り酒でない酒」のことを「下らぬ酒」と呼ぶのは文法的におかしい。既に「つまらぬ」という意味で「くだらぬ」という言葉があったので、おそらく、江戸周辺の酒が美味しくなかったのを馬鹿にする際に「下り酒」という言葉のパロディーで「下らぬ酒」と呼んだのだと私は考えている。

　他方で「くだらない」の語源は「くだら（百済）＋ない」だという人もいるが、私はこれは全然違うと思う。否定の助動詞「～ぬ」より「～ない」が主流になったのは明治時代以降である。江戸時代までは「つまらぬ」という意味で「くだらぬ」と言っていたが「くだらない」とは言わなかった。「くだらない」＝「くだら＋ない」という説は明治時代以降の人の発想であると私は考えている。

❺ 近代と現代の日本酒

韓国語 → p.130

酒税による近代化

　1868年の明治維新以降、日本が近代国家としての体制を整備する際に、一番大きな問題が税収の確保であった。税収がないと産業や社会の近代化もできない。当時の政府には全国民の所得を把握して所得税を徴収する能力もなかったし、全国民の商取引を把握して消費税や付加価値税を徴収する能力もなかった。一番確実なのが土地に対する直接税であり、次に確実なのが酒など特定の商品に対する間接税であった。全国の土地に対する地租改正が大きな困難に直面したように、酒税を着実に徴収する作業も大きな困難に直面した。

　政府は酒蔵に対して製造量に応じた酒税の納税を求めるのだが、政府が酒税の引き上げを試みる度に酒蔵は大反対した。なぜなら、酒税を転嫁して酒を値上げすると、人々は酒を自家醸造するようになり、酒蔵の酒が売れなくなるからである。特に問題なのは、複数の農家が酒を大量に共同製造したり、地主など富裕層が大量の酒を自家醸造して販売することであり、酒税を引き上げるならこれを制限すべきだという点で政府と酒蔵の利害が一致した。

　1880年、酒税が1石（180L）1円から2円に引き上げられるとともに、自家醸造酒の製造量が1石（180L）以下に制限された。1日約500MLなので一般家庭用としては過酷な制限ではないが、富裕層が大量の酒を自家醸造することはできなくなった。しかし政府が更なる増税を試みると、再び激しい反対運動（酒税軽減、自家醸造制限要求）が起こった。

　1882年、酒税が1石2円から4円に引き上げられるとともに、自家醸

造酒の販売が禁止された。これにより、酒を飲まない家庭が自家醸造した酒を他人に売ることができなくなり、実際に酒を飲む家庭でのみ自家醸造が継続することとなった。しかし1894年の日清戦争を経て国家財政は更に逼迫し、政府は更なる税収が必要となった。

1896年、酒税が1石4円から7円に引き上げられるとともに、高額納税者の自家醸造が禁止された。政府も庶民の自家醸造を積極的に禁止する意図はなかったが、近い将来の日露戦争の可能性が高まり、酒蔵の反対運動を抑えて酒税の増税への理解と協力を求めるためには、この時点で酒蔵が強く求めていた自家醸造の禁止に応じる他はなかった。

1899年、酒税が1石7円から12円に引き上げられるとともに、自家醸造が全面的に禁止された。この頃、酒税は税収の約36％を占めるようになっており、土地に対する税金とほぼ同額、つまり土地と酒で国家財政の3分の2を支えていた。

1904年の日露戦争に関し「日本が勝ったのは当時ののんべえ達が沢山飲んで沢山税金を払ったおかげ」と冗談を言う日本ののんべえがいるが、実際に冗談ではない。当時既に日本の予算は底を突いており、1905年に講和が成立したのは幸いであった。

日本では韓国よりも先に自家醸造が禁止され、その結果、日本の各地方、各家庭の独自レシピによる家醸酒文化は途絶えた。決して政府が家醸酒文化を憎んでいた訳ではないが、結果的に近代化の陰で家醸酒文化が途絶えたのは不幸な歴史である。その後は日本でも韓国でも、密造酒を取り締まる役人と家醸酒を造りたい庶民の闘いの時代になる。韓国では1995年に自家醸造が解禁され、伝統酒の現代的な復興が進んでいるが、日本では今（2023年）でも自家醸造は禁止されたままである。

米が足りなかった戦後の日本酒

第二次大戦後、食糧難の日本では米は貴重だったが、日本酒の需要は増える一方だった。そこで、日本酒と同じ度数に水で希釈した醸造アルコールを発酵の最終段階で大量に加え、甘味料や酸味料やアミノ酸などで調味した安価な日本酒が大量生産された。米だけで造った日本酒と比較すると約3倍の生産量が得られる、つまり3倍に増量して醸造する結果になるので、三倍増醸酒、略して三増酒と呼ばれた。しかし、これは業界用語であり、製品のラベルに三増酒と表示されていた訳ではなかった。

韓国では朝鮮戦争後の食糧難の時期に米で酒を造ることが禁止され、その結果、希釈式ソジュ（水で希釈した酒精を甘味料や酸味料やアミノ酸などで調味した安価なソジュ）が普及した。人はそこにあるもので酒を造る生物であり、日本と韓国のそれぞれの戦後もその状況の一つに過ぎない。

高度経済成長期になって食糧難が解消しても、安価な日本酒は三増酒であった。酒蔵にとって利益率が高く、作れば売れるのだから、製造をやめる理由がなかった。その結果、私の世代の日本人は日本酒に悪い思い出を持っている人が多い。大学生の頃に初めて飲んだ日本酒は居酒屋の飲み放題メニューに入っている三増酒であり、日本酒は悪酔いする酒という悪い思い出が残っている。ずっと後になって美味しい日本酒に出逢って驚き、日本酒に目覚めたという日本酒愛好家は私だけではない。

「特級酒、一級酒」の時代から「純米酒、吟醸酒」の時代へ

戦後日本では日本酒は「特級酒、一級酒、二級酒」と級別に分類されていた。製造方法の違いではなく酒蔵における相対評価であるが、特級酒と一級酒については監査を受けて認定を受ける必要があった。認定を受けら

れなかった酒、監査を受けなかった酒が二級酒である。基本的に三増酒は二級酒になる。酒税も異なり、特級酒は一升（1.8L）あたり約1000円、一級酒は約500円、二級酒は約200円だった。

　しかし次第に消費者も「安くて良いもの」を求めるようになり、酒蔵の中にも「税金のために美味しい酒を意図的に高く売るのはおかしい」と考え、高品質の日本酒も意図的に監査を受けずに二級酒として売る酒蔵が現れた。地酒ブームと重なり「地方の二級酒が美味しい」と評判になるなど、次第に級別制度が形骸化していった。

　2006年、酒税法が改正され、三増酒が日本酒として認められなくなるとともに、「特級酒、一級酒、二級酒」という級別制度が廃止され、「純米酒、吟醸酒」などの特定名称制度が導入された。これは優劣ではなく製造方法による分類であり、酒税は同額である。

　表示の基準が客観的になって日本酒に詳しい人には便利になったが、「贈答用や接待用には特級酒、自分の晩酌用には二級酒」という選び方をしていた人には不便になったかもしれない。単純に「純米大吟醸酒が最高の日本酒である」と信じている人も多い。日本酒の表示や分類は今後も時代の変化に対応して変わるかもしれない。

おわりに: 日本の酒を知る事は日本を知る事

　冒頭で述べたとおり、自国の酒は自国の名刺である。私にとって、日本酒を語る事は日本を語る事でもあり、韓国の酒を知ることは韓国を知ることでもある。読者の皆様にとっても、本稿を通じて日本酒を知ることにより、日本について新たに知る機会、更に知りたくなる機会になれば幸いである。

사케 소믈리에가 들려주는
일본 술 이야기

초판 인쇄	2023년 9월 8일
초판 발행	2023년 9월 15일

저자	추조 카즈오(中條一夫)
편집	권이준, 양승주, 김아영
펴낸이	엄태상
디자인	이건화
조판	이서영
콘텐츠 제작	김선웅, 장형진, 조현준
마케팅	이승욱, 왕성석, 노원준, 조성민, 이선민
경영기획	조성근, 최성훈, 구희정, 김다미, 최수진, 오희연
물류	정종진, 윤덕현, 신승진, 구윤주

펴낸곳	시사일본어사(시사북스)
주소	서울시 종로구 자하문로 300 시사빌딩
주문 및 문의	1588-1582
팩스	0502-989-9592
홈페이지	http://www.sisabooks.com
이메일	book_etc@sisadream.com
등록일자	1977년 12월 24일
등록번호	제300-2014-92호

ISBN   978-89-402-9370-6 (03910)